CHRONOS

Tirukal Momi

Un vestido tejido de sueños

El viaje de mi vida

europa
ediciones

© 2025 **Europa Ediciones** | Madrid

www.grupoeditorialeuropa.es

ISBN 9791256960873

Curador: Diego Fortunato

I edición: mayo del 2025

Distribuidor para las librerías: **CAL Málaga S.L.**

Impreso para Italia por *Rotomail Italia S.p.A. - Vignate (MI)*

Stampato in Italia presso *Rotomail Italia S.p.A. - Vignate (MI)*

Un vestido tejido de sueños

El viaje de mi vida

A mi familia

Índice

Capítulo 1

El primer recuerdo que tengo es sobre la espalda de mi madre. No sé qué edad tenía. Pero recuerdo que veía una luz, quizás un fuego encendido o una lámpara. Mi madre me cargaba. No sé lo que estaría haciendo en ese momento, a lo mejor los labores de casa o simplemente calmándome después de llorar; el hecho es que la primera vez que abrí los ojos al mundo estaba ahí, sobre el hombro de mi madre y no muy lejos de mí una luz más bien frágil bailaba ante mis ojos idéntica a una estrella distante.

No sé por qué tengo el recuerdo de esa luz tan nítidamente grabado en la memoria. Nací en Etiopía, dentro de un contexto familiar y social muy difícil. Los recuerdos de los primeros años de mi vida son vagos. Sin embargo, recuerdo muy bien el hambre. Desde que tuve conciencia, esa fue mi principal preocupación. No sabía lo que era jugar ni divertirme. No tengo recuerdos bonitos de mis primeros años. Etiopía es un país machista, con una jerarquización bien marcada entre los labores de los hombres y las mujeres, por eso desde muy niña me educaron en los trabajos de casa. Aprendí a cocinar, a limpiar y a hacer todo lo necesario para mantener el orden.

Pero siempre el hambre era constante, insistente, inacabable. No podré olvidar jamás el sonido de mi barriga durante las noches en vela, cuando me acostaba a dormir junto a mis hermanos en el suelo de tierra de nuestra casa. Esa fue la canción de cuna de mis primeros años de vida: el ruido de las tripas por el hambre.

En casa éramos cinco. Mi madre, Alemnesh, mi padre, Anmut, y mis dos hermanos menores: Jemal y Tariqu. Mi hermano mayor, Tekle, según supe, emigró a Canadá cuando yo todavía era muy pequeña. Y Ghetaun, el segundo, fue raptado y nunca más supimos de él.

De mi madre tengo algunos recuerdos precisos. Era de piel morena, un tono mucho más claro de lo que es común en Etiopía, y tenía el cabello ondulado. Alguna vez escuché que mi abuelo materno era italiano; pero no tengo seguridad sobre esto. Lo cierto es que mi madre no se encontraba nada bien, ni física ni emocionalmente. Era común que mi padre abusara de ella. Lo hacía de todas las maneras imaginables y lo hacía en frente de sus hijos. Los maltratos eran el día a día dentro de nuestra casa, a la vista de todos. Todavía recuerdo muy bien los gritos, los golpes, el terror. Mi madre desvariaba con frecuencia, sufría demasiado por los maltratos y tantos abusos terminaron por socavarle la razón. Además, sufría de la garganta, tenía un bulto enorme que le presionaba y debía ser operada de urgencia, pero no teníamos los medios ni el dinero para procurar esa operación. Vivimos al día, sin saber qué nos depararía la mañana siguiente.

Nuestra casa era de todo menos un lugar alegre. La llamo casa, pero lo cierto es que ahora, a muchos años de distancia, la recuerdo y comprendo que se parecía a todo menos a una verdadera casa. El suelo era de tierra, las paredes estaban hechas con trozos de plástico, madera y latas de aluminio. Nuestro hogar no tenía ni treinta metros cuadrados. Sin agua corriente. Sin electricidad. Dormíamos sobre el piso, sin colchón en donde apoyarnos ni almohada en donde reposar la cabeza. Cocinábamos lo poco que teníamos en uno de los costados, sobre leña encendida, junto a una de las paredes: col, pan etíope, huevo, todo rociado con mucha salsa picante para serenar el hambre. Nos bañábamos —cuando nos bañábamos— con la misma agua reciclada con que se lavaban los platos una y otra vez. Lo hacíamos todo dentro de esa estructura levantada con cuatro palos. Y también dentro de nuestra casa, como decía, escuchábamos a mi padre mientras abusaba de mi madre, y en el fondo, el ruido de nuestras tripas.

No exagero cuando digo que hacíamos todo dentro de la casa. A los cinco años vi a mi madre dar a luz a mi hermano pequeño sobre el mismo suelo en donde ella —cuando la fortuna nos sonreía con un poco de dinero— desplumaba y destripaba un gallo para la cena. En el mismo suelo en donde dormíamos hacinados. En donde yo soñaba que quizás, en algún lugar, lejos, un futuro mejor me estaba esperando.

También recuerdo que cuando llovía la casa se inundaba. El agua de lluvia era la única que conseguíamos. Pero lo cierto es que la lluvia nos traía más problemas que soluciones. En Etiopía puede llegar a hacer mucho calor, sobre todo en Adís Abeba, la capital, en donde nací. El clima de la ciudad, emplazada en el centro del país, en pleno Cuerno de África, puede llegar a ser sofocante durante la estación seca. Que el agua cayera del cielo podía haber sido una bendición si no hubiera entrado a raudales como lo hacía dentro de nuestra casa. Y esto no es un detalle menor, pues ese suelo, como dije, era también nuestra cama. Si llovía o dormíamos sobre los charcos en donde flotaba restos de comida y algún desperdicio arrastrado desde la calle, o sencillamente no dormíamos. Así de dura era nuestra realidad.

Recuerdo que en algunas ocasiones mi madre se iba de la casa, no sé a dónde se iba, desaparecía por algún tiempo, me imagino que hastiada por los maltratos de mi padre. Pero luego siempre volvía.

Por aquella época me iba a la escuela sola, caminando. Sabía la hora por la sombra que mi cuerpo proyectaba sobre un muro. De esta manera determinaba si llegaría a tiempo a clases o no. Mi madre se quedaba en casa, siempre estaba en la casa cuidando de mis hermanos pequeños y realizando todos los labores necesarios para mantener el precario orden en el que vivíamos. A mí me gustaba la escuela. Siempre encontré una tremenda fascinación por escribir. Desde muy niña ensayaba poemas en los que hablaba sobre la naturaleza. Y esta fascinación se trasladó a los elementos necesarios para redactar: cuadernos y bolis, sobre todo los bolis. En ocasiones escribía con carbón. Pero era demasiado difícil y engorroso. Me gustaban tantos los bolis que incluso ahora, siendo una mujer, no puedo resistir la tentación de llevarme conmigo todos los que puedo. Es lo único que "robo". Entrecomillo la palabra porque todo el mundo sabe —en mi trabajo, entre mis compañeros de estudio y amigos— que cuando un boli desaparece fui yo quien se lo llevó. Me interesan por lo que dije: son la herramienta para escribir. Siendo muy pequeña, en Etiopía, cuando veía la sombra de mi cuerpo sobre el muro para calcular la hora de ir a la escuela, los cuadernos y los bolis me los regalaban. La verdad es que casi todo lo que teníamos venía de la caridad y las limosnas.

No recuerdo qué tan lejos quedaba la escuela de mi casa, pero sí recuerdo muy bien que las caminatas me ocasionaban cortes en la planta de los pies. No teníamos zapatillas. Para curarme acercaba un carbón encendido a las heridas. No sé si alguien me enseñó este método, pero de esta forma las cortadas se cauterizaban y no se me infectaban. Con el carbón también limpiaba mis dientes. A veces tenía unas zapatillas que alguien me había regalado en la calle, pero casi siempre eran demasiado pequeñas y estaban rotas. Metía en la suela un pedazo de plástico o cartón para tratar de alargarles el tiempo de uso. Pero llegaba el momento en que ya era imposible ir con esas zapatillas y no tenía más remedio que recorrer otra vez las calles con los pies descalzos.

Creo que las mañanas en el colegio eran los únicos momentos del día que me permitían abstraerme de la realidad en la que vivíamos. Recuerdo muy bien la hora de recreo, todos mis compañeros se sentaban a comer una merienda que traían de casa y yo, que no tenía nada que comer, no encontraba otra cosa que hacer que adelantar las tareas en el silencioso salón de clases, sola, únicamente acompañada por el sonido de mis tripas. Desde afuera me llegaban algunas risas de mis compañeros. Y yo me sumergía cada vez más en los estudios, para tratar de olvidar el hambre, para aplacar el sonido inclemente que subía desde mi estómago. Lo cierto es que era una buena estudiante. Pensándolo ahora, a tantos años de distancia, me parece increíble que fuera capaz de enfocarme y empeñarme tanto en crecer intelectualmente, en aprender y educarme, como si algo en todo aquello fuera la llave o la clave que me mostraría el camino de un futuro mejor. No lo sé. Eso lo pienso ahora, siendo ya una mujer, pero la niña que fui, la pequeña Abeba Anmut perdida en ese rincón del mundo, en el gran patio de desolación y pobreza de Adís Abeba, no podía saber nada de esto. Me parece que estudiaba por intuición, como un escape, como una forma de tratar de normalizar algo en mi vida cuando todo alrededor se desmoronaba como piezas de un rompecabezas.

Estos momentos de mi infancia están en mi memoria como retazos sueltos, como piezas rotas de un lienzo inmenso del que no soy capaz de ver todos los detalles. A veces creo que ciertos recuerdos fueron bloqueados como autoprotección. Hay fragmentos, pero la película entera, la precisión de las escenas, se me escapan. Los primeros años de la vida de los niños son vagos e imprecisos. Sin embargo, de entre todos estos fragmentos recuerdo muy bien que yo no habría cumplido los tres o cuatro años cuando ya estaba trabajando. Ayudaba a mi padre a vender unos grandes cuchillos que confeccionaba. Eran unos cuchillos inmensos —quizás demasiado grandes para las manos de una niña de tres años—, con una hoja curva y el mango de hueso o madera. Algunos venían en un estuche de cuero.

—¡Abeba Anmut! —me gritaba mi padre, con fuerza, con una voz en la que todo parecía connotar que aquello no era una petición amistosa, sino una orden—. ¡Abeba! ¡Ve a ganar unas monedas con estos chuchillos!

No lo olvidaré nunca. Cogía los chuchillos y me iba por la ciudad —una niña de tres o cuatro años, completamente sola, descalza, hambrienta— y trataba de ganar algo de dinero para subsistir. No sabría decir si vendía muchos o pocos cuchillos, me imagino que no vendería muchos, pero algunas monedas ganaba, no solamente por el negocio de mi padre, sino por caridad.

—Esto es lo que gané durante el día de hoy —le decía a mi padre al regresar a casa, y le entregaba algunas de las monedas, pero no todas, pues unas pocas me las guardaba para mí. Desde los tres o cuatro años ya comprendía muy bien el sentido del dinero y que este es absolutamente necesario para sobrevivir.

El resto de las ganancias eran para mi padre Anmut. La mayoría, si no todo, se lo gastaba bebiendo. Son pocos los recuerdos precisos que tengo de él, pero en la mayoría de los que tengo está borracho, golpeando a mi madre o tocando el kirar, un instrumento típico etíope, una especie de lira de seis cuerdas que se tañe con ambas manos. Las notas dulces de este instrumento, arrancadas con paciencia por mi padre Anmut, contrastaban con todo lo que él era en realidad. La diferencia entre esa música de sonido lento y monocorde y sus acciones cotidianas, bruscas y agresivas, era tremendo. Es difícil comprender cómo las mismas manos pueden sacar melodías y cadencias hermosas de un kirar para luego golpear, enloquecidas, terribles y malignas, a una mujer. Mi padre biológico era un hombre lleno de contradicciones.

Si no vendía los cuchillos, como dije, él se molestaba. No vender un cuchillo podía significar no comer o ganarme una golpiza. Sin embargo, como expliqué más arriba, los recuerdos de mis días de trabajo son demasiado vagos. Solamente sé que recorría la ciudad de arriba abajo con esos cuchillos, sin una dirección fija, y que muchas veces al llegar a casa escondía algunas monedas dentro de mis zapatillas diminutas. Como me apretaban demasiado esto, impedían que las monedas se movieran o sonaran. Eso era lo único bueno de esos zapatos regalados, no delataban que escondía monedas adentro, entre la suela de plástico y mi pie.

Mi padre era un hombre muy violento. Bebía con demasiada frecuencia y con la misma frecuencia abusaba de mí y de mi madre. Era un hombre de superstición, como casi todas las personas de Etiopía. Creía que todos los males de su vida eran ocasionados por el hecho de que tanto mi madre como yo éramos zurdas. Los zurdos, en

Etiopía, son considerados diabólicos. Escribir con la mano izquierda para mi padre ya era suficiente razón como para castigarnos con palos de madera, trozos de hierro, ramas de ortiga o con cualquier otra cosa que tuviera a mano. Pero mi madre era la que siempre se llevaba la peor parte.

—¡Alemnesh! ¿Dónde te metiste, Alemnesh? —le gritaba mi padre a mi madre, bien entrada la noche, arrastrándose por una de las borracheras.

¿Dónde podía estar mi madre? Estaba ahí, con nosotros, sobre la tierra, en el suelo de nuestra casa. Pero a él no le importaba que nosotros estuviéramos ahí. Entraba, tambaleante, y se abalanzaba sobre mi madre, ya para golpearla sin motivo, ya para abusar de ella.

Recuerdo una tortura psicológica particularmente humillante que mi padre hacía a mi madre. No sé qué lo originaba, pero en varias ocasiones mi padre llegó a casa con uno de sus grandes cuchillos con mango de hueso o madera y, tras obligar a mi madre a arrodillarse sobre el piso de tierra, le cortaba lentamente, con tajos grandes y precisos, el cabello. Mi madre lloraba. Ocultaba el rostro detrás de las manos. Quizás un europeo no lo entienda, pero para las mujeres etíopes el cabello es un símbolo de feminidad y orgullo. Es parte de nuestra cultura. Cortar el cabello no era solamente un gesto maligno, era un símbolo de poder. Mi padre, con esto, le decía a mi madre que la dominaba, que no tenía ninguna autonomía, que él era el dueño de su vida y de sus acciones. No puedo culpar a mi madre por perder poco a poco la razón. La presión psicológica y el terror que mi padre ejercía sobre ella eran demasiado grandes. Cuando terminaba de cortar el cabello, mi padre se iba como había venido, tambaleándose, con el chuchillo curvo en una mano. En el centro

16

de nuestra casa quedaba mi madre, cabizbaja, todavía balbuciendo por el dolor y la humillación que aquella acción representaba. Luego se ponía de pie, recogía los cabellos del suelo y la vida, aquella vida dolorosa, continuaba. Todo esto pasaba delante de mí y de mis hermanos pequeños.

Pero mi padre no se limitaba a este tipo de humillación. Muchas noches, bien entrada la madrugada, golpeaba a mi madre. Nosotros la escuchábamos quejarse, en la oscuridad, y apenas nos movíamos, inquietos, temerosos. No sé si comprendíamos muy bien lo que pasaba en esos momentos. Sinceramente éramos muy pequeños. La realidad era caótica, terrible, oscura, pero nosotros no conocíamos nada más.

Sobrevivir. Mis primeros años de vida se pueden resumir con esta palabra. No teníamos nada y prácticamente no existía ninguna perspectiva de que las cosas mejoraran. Al menos eso era lo que parecía.

No podré olvidar, por más que pasen y pasen los años, el sonido de mi barriga y la de mis hermanos cuando nos acostábamos sobre el suelo de tierra sin haber probado bocado en todo el día. ¿Cuánto tiempo pasábamos sin comer? En ocasiones días, quizás semanas. Algunos días la sensación ya era inaguantable; el hambre, cuando es demasiado grande, deja de ser hambre y se convierte en dolor, desesperación y miedo.

Sin embargo, algo había dentro de mí que me alimentaba y me impulsaba a creer que en otros lugares la vida era diferente. Por este motivo, muchas noches me escabullía fuera de la habitación, en silencio, sin que nadie me escuchara, y ya en la calle pasaba horas viendo las estrellas, millones de estrellas que se dibujaban sobre

Etiopía. Escuchaba el forcejeo de mi padre y mi madre dentro de casa, el llanto, los golpes. Pero yo, viendo las estrellas, me sentía huir, viajaba, me iba lejos de todo aquello. Algo en las estrellas me atraía profundamente. Las imaginaba cerca, al alcance de la mano, bellas, brillantes, mías. Ellas estaban ahí para mí, solamente para mí. Las estrellas eran las compañeras de mis noches. Me alejaban de lo que sucedía alrededor y al mismo tiempo me susurraban que la belleza y la paz eran posibles. Era solamente una niña, pero para mí ver las estrellas era como leer un libro, como espiar en los secretos del cosmos. Todo estaba ahí, al alcance de la mano, una vida mejor era posible y yo, tarde o temprano, podría brillar como esas estrellas lejanas, tejidas alrededor de mi cuerpo como un vestido, como esa luz que inauguró mi primera visión sobre el mundo.

Capítulo 2

La situación de Etiopía a finales del siglo pasado era muy difícil. No solamente era un país con pobreza, carestía y grandes problemas sociales. Durante mis primeros años de vida estábamos en guerra contra Eritrea. Una guerra cruenta y terrible. Era común ver a adolescentes, e incluso niños, con largos fusiles recorriendo las calles o resguardando alguna esquina. Quizás este fue el destino de mi hermano Ghetaun. Crecí sabiendo que lo habían raptado, y con el paso de los años no fue difícil inferir que quienes se lo llevaron fueron las tropas de mi país para obligarlo a pelear contra Eritrea. Este, por supuesto, no fue un caso aislado. Muchos niños de familias pobres fueron raptados durante el conflicto. La mayoría no regresó jamás del campo de batalla. Yo no tenía ni tres años en 1998, cuando empezó el enfrentamiento, pero recuerdo con claridad esas imágenes de guerra, la desolación y el ambiente de crispación.

Las fuentes de información no se ponen de acuerdo, pero se estima que durante la guerra entre Etiopía y Eritrea, que duró poco más de dos años, murieron cerca de ciento cincuenta mil personas. Algunas fuentes aseguran que la cifra de víctimas alcanza las trescientas mil. La disputa empezó por discrepancias en la región de Badme. Los países no se ponían de acuerdo sobre la frontera y la tensión escaló hasta desencadenar en la guerra. Las tropas se movilizaron a la región y en poco tiempo la sangre se derramó sobre la tierra amarilla del Cuerno de África. Las batallas eran intensas, las tropas se movían con agilidad en el frente, la comunidad internacional trató de mediar, pero los combates continuaron. Los militares caídos fueron reemplazados por adolescentes y niños, arrancados de la casa de sus padres, del corazón mismo de la capital. Al hambre, la desesperación y las pocas esperanzas de un futuro mejor se le sumaba una guerra espantosa.

¿Qué pudo haber pasado con mi hermano Ghetaun? Quizás nunca lo sepa. Nadie daba respuestas sobre los niños raptados y nadie las dará ahora. Allá, el silencio es el *modus operandi* de los organismos oficiales. Seguramente con este silencio pretendían que se calmaran las aguas, que todo fuera arrastrado por la corriente del olvido. Y mientras tanto las familias sufrían en soledad. No, nunca sabré con exactitud qué pasó con mi hermano Ghetaun. ¿En qué batalla cayó? ¿O es que acaso pudo sobrevivir, pero no supo regresar a casa? ¿Acaso pensó, luego de ver lo que vio en esa guerra, que ya no había hogar al que regresar? No lo sé. Hay muchas cosas que no puedo saber. Yo era muy niña cuando todo aquello sucedía y, como expliqué más arriba, mi principal preocupación era sobrevivir. Lo cierto es que todos, de una manera u otra, intentábamos sobrevivir en mi país natal.

El frente de la guerra podía estarse desarrollando a cientos de kilómetros de distancia, pero en las calles de Adís Abeba todos vivían como si el fin del mundo fuera inminente. La agresividad entre la gente era tremenda. La crueldad, el egoísmo, la desesperación, todo esto se incrementó en la vida común y corriente. Las dificultades, que ya eran muchas, parecían ser mayores. Aquella espiral de destrucción no hacía sino apoderarse de los ciudadanos. Todos nos acostumbramos a las imágenes de la guerra. Nos familiarizamos con la visión de los niños armados con fusiles más grandes que ellos, con las calles repletas de soldados. Todo esto era muy normal. El país estaba en decadencia. Y, como si esto fuera poco, la situación dentro de mi hogar era cada vez peor.

Cuento el contexto de la guerra y lo que estaba pasando en mi país de origen durante aquellos años para que se comprenda bien las perspectivas que una niña como yo —de no más de cuatro años— podía tener dentro de una sociedad semejante, dentro de una familia pobre y con padres que también parecían vivir en guerra. ¿Qué puede hacer una niña dentro de un contexto como este? ¿Una niña de tres o cuatro años, con hambre, descalza, con cortadas en los pies, recorriendo las calles entre los militares, con un montón de cuchillos a la venta apretados entre las manos? La escena parece no tener sentido. Aquello era como girar dentro de un laberinto. Maduré demasiado rápidamente. Dentro de la realidad de mi país o maduraba o no podría sobrellevar la situación. Creo que a los cinco años ya pensaba como un adulto. Expliqué más arriba que no supe lo que era jugar durante mis primeros años de vida, pues bien, esa madurez prematura de la que hablo no solamente me hizo creer que los juegos eran superfluos e inútiles, sino que me creó una gran intranquilidad por mi familia, principalmente por mis hermanos.

Mis hermanos menores fueron siempre una preocupación enorme para mí. Yo soy la tercera. Como dije, el mayor de mis hermanos, Tekle, según me contaron, emigró a Canadá. Ghetaun fue raptado durante la guerra. Me quedaban Jemal, dos años menor que yo, y el pequeño Tariqu, al que vi nacer con mis propios ojos sobre el piso de tierra de nuestra casa. Tendría cinco años cuando este pasó, pero jamás olvidaré el trabajo de parto de mi madre dentro de aquella casa de paredes de plástico, madera y restos de recipientes de aluminio. La luz de una tarde caliente se filtraba desde la calle a través de cientos de agujeros y rendijas que había entre las chapas mal ajustadas de los muros. Mi madre, en cuclillas, gritaba traspasada por el dolor del parto. Con una de sus manos levantaba el vestido y con la otra se sujetaba contra una pared. Después de un grito largo y desgarrado, Tariqu finalmente nació. Hubo unos segundos de silencio y luego empezó a llorar. Ese llanto no se detendría prácticamente nunca. Lo recuerdo muy bien, es nítido y claro en mi memoria. No dejaba de sollozar un minuto. Ahora comprendo que esto se debía al hambre. Él también tenía hambre, por supuesto. Mi madre lo tenía siempre pegado al pecho, pero como mi madre tampoco comía la poca leche que salía de su seno —si es que salía alguna— no estaba nutriendo correctamente o con la cantidad necesaria a Tariqu.

Todos teníamos hambre: este era el contexto, la realidad, la vida. Y la verdad es que todos teníamos ganas de llorar por el hambre que sentíamos. Pero Tariqu, recién nacido, sin comprender nada de lo que sucedía alrededor, lloraba desde el instinto, desde el hambre más primaria y original, desde el miedo. Y lo peor es que mi madre podía hacer poco o nada para calmarlo. Si ella no comía y se nutría bien Tariqu tampoco lo haría. Mi padre, indiferente a esto, se dedicaba a lo de siempre: la bebida, los cuchillos, el kirar. Ya él resolvería que, si el niño no tenía nada que comer, la culpa era de mi madre y mía por ser zurdas. En fin. Yo tampoco podía hacer nada por él. Realmente ninguno de nosotros podía hacer nada por Tariqu. Era madura, pero una niña no puede comprender ciertas cosas. Desde el alumbramiento, mi madre se ocupó del pequeño a tiempo completo. Jemal y yo estábamos casi completamente por nuestra cuenta.

No tenía muchas más opciones que la caridad y la venta de los cuchillos de mi padre. Algo de pan conseguía. Algo de col. Un poco de salsa picante. Un tomate. Lo suficiente para obtener fuerzas y no desmayar al día siguiente, lo suficiente para a duras penas sobrevivir.

Recuerdo que en mi casa nos daban mucho café. Mi madre lo colaba en una tela descolorida por el uso. Lanzaba un poco de agua caliente y lo filtraba. El consumo de café en Etiopía no es un placer, es más bien un ritual, una ceremonia que a fin de cuentas buscaba lo mismo de siempre: aplacar el hambre. Pero nada la aplacaba. Era tan intensa que en camino a la escuela encontré un muro de barro, marrón claro, que a mí me daba la impresión de que olía a bizcochos. Cada día me comía un poco de ese muro. La pared estaba hecha de tierra, por supuesto, comía tierra, pero sentir que algo entraba en mi estómago era suficientemente gratificante como para regresar cada día a ese muro del que se me antojaba que olía a bizcochos. Ese era mi desayuno y, en ocasiones, mi merienda. Si aquella situación tan delicada se hubiera alargado mucho tiempo más, quizás hubiera terminado por comerme el muro entero.

Llegaba a la escuela temprano, cuando el sol todavía no había mostrado toda su fuerza. En la escuela, como dije más arriba, tampoco comía. Me dedicaba a seguir estudiando durante los recesos, me dedicaba a aprender y repasar las asignaturas. A pesar de todo, siempre me encantó la escuela. Sentía que aprendiendo a leer y a escribir sería capaz de defenderme. La mayoría de la gente que conocía era analfabeta. De hecho, en nuestra clase no había división de edades. Junto a mí aprendía a leer lo mismo un niño de seis años que un adolescente de quince o un hombre de cuarenta. Por eso me parecía tan ventajoso dar esos pasos a una edad tan temprana. Me daba cuenta de que estudiar era muy importante. Y nada me impediría estudiar, ni el hambre, ni la pobreza ni la guerra.

En aquella época me sentía orgullosa de ser etíope. Recuerdo que antes de entrar al salón de clases cantábamos el himno "Marcha hacia adelante, querida Madre Etiopía" y me llenaba de satisfacción al escuchar las estrofas. *El respeto a la ciudadanía es fuerte en nuestra Etiopía; El orgullo nacional se ve, brillando de un lado a otro. Por la paz, por la justicia, por la libertad de los pueblos, estamos unidos en igualdad y amor*, reza el himno. Pero al finalizar el día en la escuela yo volvía a las calles, a veces comía de la basura y, si llovía, bebía un poco de agua de lluvia. No había nada de respeto por la ciudadanía en esos momentos. Ni orgullo nacional alguno puede brillar cuando una niña de cuatro años come de la basura, cerca de algunos establecimientos y restaurantes, luchando con las ratas por llevar algo a la boca. Nada de esto, sin embargo, disminuía un ápice mi orgullo y mi alegría al sentirme parte de mi nación.

Creo que este sentimiento lo fundamentó y de cierta manera lo incrementó la Iglesia. La mayoría de las iglesias de Etiopía son de tradición copta. Por entonces yo me sentía profundamente identificada con ella. La Iglesia copta nos daba esperanza y no hacía sentir que todos pertenecíamos a algo bueno, a algo grande, mucho más grande que cada uno de nosotros individualmente. Este sentido de pertenencia se incrementaba durante las fiestas nacionales. La epifanía era una de las más importantes del país y la recuerdo como los momentos de mayor alegría de aquellos años difíciles. Las calles estaban decoradas de muchos colores, con cintas y carteles. Había fiestas en todos lados y las personas se daban esperanza, comprensión y cariño. Por todos lados reinaba una armonía que se revelaría efímera, pero mientras tanto, todos cantábamos juntos, con alegría, dentro y fuera de los templos. Durante la epifanía se desfila con paraguas colorados y todos van vestidos con trajes blancos decorados en la parte baja con las tradicionales *abeshakemis*. Nunca olvidaré el canto de las mujeres, es un canto agudo, muy parecido al canto de los pájaros. Las procesiones son acompañadas por músicos que tocan instrumentos de percusión y todas las personas se mueven al unísono, siguiendo el ritmo, como en una marea de vida y felicidad. Todo aquello era precioso para mí. Durante las fiestas de las casas sale el lento perfume de la comida que la gente se dedica a cocinar durante días. Yo caminaba entre las casas envuelta en estos aromas y soñaba con momentos mejores. En la epifanía no importaba que no tuvieras nada, pues todos se ayudaban y compartían lo poco que tenían.

Otro de los momentos en que teníamos una tregua de la realidad circundante era durante los matrimonios y los funerales. Para mí era completamente indistinto participar en uno u otro. Lo que me interesaba era que tanto en los matrimonios como en los funerales se repartía mucha comida. Aprovechaba para comer sin parar. Trataba de alimentarme hasta límites impensados, como si con esto fuera a crear una reserva de energía para las próximas semanas o meses. Pero, por supuesto, no funcionaba así. El hambre siempre regresaba, puntal, insoportable, tremenda. Y no encontraba más opción que volver a registrar las basuras, tratar de vender algún cuchillo, recibir caridad, volver a la salsa picante y al café y, si todo fallaba, el muro de tierra con olor a bizcocho.

La vida no era sencilla. Pero yo seguía soñando, viendo las estrellas durante las largas noches en que el hambre no me dejaba dormir, seguía estudiando y creyendo que la vida me depararía algo mejor en otra parte.

Jemal y yo muchas veces recorrimos la ciudad juntos en busca de algo para comer. No nos importaba alejarnos mucho o poco de la casa. Lo cierto es que podíamos habernos perdido, pero nunca lo hicimos. Tampoco nos importaban los adultos, las miradas agresivas de algunas personas, la molestia que causábamos en algunos lugares. Nuestro objetivo era preciso y estábamos determinados a cumplirlo: comer. Nos escabullíamos en callejos en donde algunos restaurantes arrojaban la basura y buscábamos algo que pudiéramos comer: un pedazo de vegetal viejo, la piel de una zanahoria, un poco de arroz o de pan descartado por un comensal que comió demasiado, restos de patatas crudas. No nos importaba. Buscábamos para sobrevivir y cualquier cosa que encontrábamos y que pudiéramos llevarnos a la boca ya era una ganancia incalculable.

Luego volvíamos a casa y, con un poco de suerte, yo no recibía una golpiza a manos de mi padre y lo poco que habíamos comido nos permitiría dormir un rato sin escuchar el sonido de nuestras barrigas. Nos deslizábamos en silencio sobre el piso de tierra y nos acomodábamos donde mejor podíamos. Si la noche en vela se alargaba, quizás por el llanto de Tariqu, quizás por la violencia salvaje de mi padre, yo volvía a la calle y me demoraba mirando el manto de estrellas, imaginando un mundo mejor, una tierra hermosa y pacífica.

Así fue mi cotidianidad durante mis primeros años de vida. Una vida llena de soledad, hambre, miedo, violencia e incomprensión.

En todos los años que viví en la casa de mis padres, el único momento madre-hija que recuerdo fue una ocasión en que mi madre me regaló un vestido azul. No sé cuál fue la ocasión o el motivo de ese regalo, pero lo recuerdo como un momento muy hermoso. Nunca había pensado tener un vestido como ese y mi madre, sin una razón aparente, lo sacó de una bolsa de papel y me lo entregó con una sonrisa. Esa fue de las pocas sonrisas que le vi a mi madre. La verdad es que a mi madre casi siempre la escuché llorar, no recuerdo haberla escuchado reír a carcajadas ni siquiera una vez. Ese vestido azul sigue grabado en mi memoria como algo importante, como un gesto o, incluso, un símbolo, como si mi madre al entregármelo me dijera que eso era lo que vestiría en momentos mejores, como si me dijera que la vida no sería para siempre como era en ese momento. No sé si esto es preciso, pero al menos esto es lo que me gusta pensar. Junto a ese vestido azul grabado en la memoria siempre está, por supuesto, la sonrisa de mi madre, una sonrisa triste, una sonrisa que no ocultaba el maltrato y la violencia que mi padre ejercía sobre ella, ni tampoco la pobreza y la desesperación al no saber cómo dar de comer a tres criaturas que se morían de hambre ante sus ojos.

Todas estas experiencias, como dije, me hicieron madurar abruptamente. Pero desde muy pequeña comprendí que la vida debe verse con una sonrisa. El optimismo no es una opción, es una forma de enfrentar la vida. Era una niña sitiada por la pobreza, las pocas perspectivas de un futuro mejor, la guerra, la violencia familiar, el hambre y, sin embargo, elegía ver el lado bueno de las cosas, intentaba descubrir un sentido a todo lo que sucedía para posteriormente encontrar una solución. Estos, por supuesto, no eran pensamientos ni preocupaciones propios de una niña de cuatro o cinco años, pero la necesidad me había empujado a enfrentarme a la realidad de una manera descarnada y sin subterfugios. Esto es lo que hay, me decía, y solamente yo seré capaz de cambiar y mejorar esta realidad tanto para mí como para mis hermanos pequeños. Pero, ¿qué tanto puede hacer una niña a los cinco años en uno de los países más pobres del mundo? ¿Qué puede hacer dentro de una nación en guerra, perdida entre otros niños que en lugar de juguetes llevan armas automáticas? ¿Qué puede hacer si todo el tiempo siente hambre y está sola? No me importaba darles respuesta a estas preguntas. No me detenía en estos detalles. Algo había que hacer y lo tendría que hacer. Sin más. Y lo haría sin miedo, sin desfallecer, con alegría, con optimismo y con una sonrisa dibujada en los labios. Por eso insisto en que, por más que las dificultades sean muchas, debemos ver las partes buenas de las situaciones. Y créanme cuando digo que en muchos momentos de mi vida fue francamente difícil ver las partes buenas.

Capítulo 3

Una mañana Tariqu lloraba desesperado en los brazos de mi madre cuando decidí salir a recorrer las calles de Adís Abeba. Caminaba sin rumbo fijo. No lo recuerdo con exactitud, pero creo que no era día de escuela. Me impulsaba la misma necesidad de siempre: serenar el hambre.

Las calles de tierra se abrían ante mí, los callejones, los pequeños tugurios en donde mi padre pasaba las noches emborrachándose. Conocía cierta esquina en donde era posible encontrar algo de comer. Dos calles más abajo, esquivando transeúntes, quizás encontraría un recipiente lleno de agua de lluvia. La gente pasaba a mi lado. Apenas me miraban. Una niña vagabundeando entre adultos quizás no era una visión extraña.

El hambre, la desesperación, el dolor terminan por insensibilizar a las personas. Lo poco que encontraba de comer siempre lo llevaba rápidamente a mi boca, como si tuviera miedo de que alguien más me lo quitara, como si pensara que ese trozo de pan viejo fuera a desaparecer del centro de mi mano sin dejar rastro. No es sencillo explicar estas sensaciones. El hambre es quizás la necesidad más primaria del ser humano. Cuando te arrebatan esto, cuando no sabes qué comer, todo se vuelve relativo, incluso la existencia. Se necesita una voluntad de hierro para seguir hacia delante, para convencernos que poco después, en otra calle, en otra esquina, entre otro montón de basura, encontraremos algo de comer. Yo tenía, y tengo, esta voluntad de lucha, el optimismo para creer que todo mejorará. Seguir hacia adelante, hacia el día siguiente, esta era la única opción, la única posibilidad de sobrevivir.

Cuando uno vive en un país pobre y lleno de problemas como Etiopía se incrementa el sentido de supervivencia. Un tipo de instinto ancestral te impulsa a tomar caminos precisos. Es como si el olfato se afinara, como si supiéramos, sin una conceptuación previa, exactamente hacia dónde tenemos que ir.

Aquella mañana en que dejé a Tariqu llorando en brazos de mi madre, mientras buscaba algo de comer por las calles sin un rumbo preciso, me sucedió algo particular. La verdad es que no fue un evento extraordinario, pero a mí muchas veces me salvó y me ayudó a continuar hacia delante un día más. Caminaba por una de las calles de tierra, entre casas y pequeñas tiendas de construcciones precarias cuando algo, no recuerdo qué, me hizo tropezar. Caí al suelo y antes de incorporarme vi que debajo de mis manos, parcialmente sumergido por la tierra, había un vestido blanco. Estaba sucio, roto, deshilachado, pero para mí era extraordinario y perfecto. Lo veía y lo apreciaba no como lo que era, sino como lo que fue y como lo que podría volver a ser. Para mí era precioso. Nunca había tenido un vestido como ese entre mis manos, para ser completamente honesta a esa edad y por aquel tiempo no sabía ni lo que era un tenedor. Me puse de pie y estiré el vestido ante mis ojos. Era largo, confeccionado con cuidado y hecho con una costura elegante. Al verlo se me antojaba que el vestido brillaba bajo el sol. Me lo llevé conmigo y por un momento olvidé el hambre y todo lo que me rodeaba. Era como si la ilusión de poseer ese vestido hubiera esfumado todo lo demás. Solamente el vestido existía para mí. Dentro de mi imaginación de niña pensaba que lo lavaría, lo arreglaría y más tarde lo vestiría para verme igual a una princesa. Ese vestido era un sueño, un objetivo, una ilusión.

Esto que cuento puede parecer una tontería, pero ese vestido blanco muchas veces me salvó, era como si al soñar que lo vestía el tejido suntuoso me llenara de esperanza. No tenía nada a lo que aferrarme por aquel entonces, y la imagen de mí misma que construí endosando el vestido era poderosa. Todavía lo es. La idealización de la imagen del vestido, dentro de un mundo en donde me encontraba aislada, era parecida a contemplar las estrellas lejanas en la noche africana. Pero esta vez, con ese vestido, la que brillaba como una estrella era yo. Pasé muchas noches de hambre pensando que deslizaba la larga cola del vestido al descender por unas escaleras alfombradas, curvas, con pasamanos dorados, para finalmente llegar a un salón elegante lleno de espejos y brillar bajo las luces de unas lámparas de araña. Ahí estaba yo, una niña de cinco o seis años, con las tripas que le sonaban, acostada sobre un suelo de tierra y acosada por la violencia de un padre borracho y, sin embargo, pensaba en palacios y bailes y largos vestidos de princesas soñadas.

La fuerza de la mente es extraordinaria. Como decía, puede sonar como una tontería, pero las imágenes creadas gracias al vestido sucio, enterrado y roto que encontré aquella mañana me salvaron o, al menos, me permitieron imaginar otro futuro y una realidad mejor. Esto me daba fuerzas. Ese vestido fue una luz que seguir, un camino preciso por el que transitar. Quizás aquel día no encontré nada que comer, pero mi imaginación me alimentó más que cualquier pedazo de pan viejo gracias al tropezón que me permitió encontrar el vestido ajado, blanco, largo y elegante.

Incluso muchos años después de encontrar el vestido, mucho después de haberlo dejado en algún rincón de la infancia, la imagen sigue siendo tan poderosa que recordar el momento que lo encontré me permite llenarme de fuerzas para seguir mi camino y mi búsqueda en esta vida. Ya no se trata de encontrar un pedazo de pan en algún callejón o en ciertas calles empobrecidas de Adís Abeba, entre la mirada hosca y mezquina de la gente, ahora mis objetivos son otros, pero ese vestido continúa brillando con una fuerza propia en mi imaginación y yo lo sigo vistiendo para iluminar mi futuro.

Desde el primer momento, sentí aquel suceso particular como algo maravilloso. Lo sentí como si fuera una señal o una predestinación. No podía saber que tantos años después lo seguiría recordando. Lo cierto es que aquel día lejano simplemente me limité a apretar el vestido bajo mi brazo y, sin dejar de soñar, continué buscando algo que comer, sumergiéndome una vez más entre las calles.

Las jornadas en que me dedicaba a encontrar algo que llevar a mi boca eran muy parecidas. Honestamente, no sabría marcar muy bien el límite entre un día y otro. En la memoria todo es vago. La frontera de los días se difumina. Todo se confunde. Además, el tiempo y la distancia de cierta manera transforman los recuerdos. Sé lo que viví, algunas imágenes son exactas, pero ahora todo es como un inmenso bloque del que tengo que extraer con paciencia retazos precisos. Tampoco hay que perder de vista que siempre tenía hambre, estaba mal alimentada, desnutrida, con parásitos en mi barriga, probablemente deshidratada, quizás con fiebre, vagando en el laberinto de una ciudad agresiva, violenta, caótica, pobre, y con apenas cinco o seis años recién cumplidos. Dicho esto, se comprenderá que es muy difícil describir con precisión una calle o una esquina en donde Jemal y yo rebuscábamos entre la basura. O recordar las transacciones que realizaba al vender uno de los cuchillos de mi padre. O la cara de cierta mujer que me dio un pedazo de pan y algo de beber. O las manos de un anciano que me entregó dos monedas mientras yo esperaba pacientemente sentada junto a una tapia pintarrajeada con una propaganda política. O el gesto de una mujer cubierta por la netela (la túnica tradicional etíope) que me regaló un tomate. Es difícil recordar ciertos detalles. Pero muchas de estas cosas tuvieron que pasar, y pasaron, para que yo lograra subsistir y estuviera contando los hechos de mi vida en este momento.

El instinto de supervivencia muchas veces enmarca la realidad de una manera distinta. Las cosas que vemos, sentimos y buscamos se transforman. La realidad toma un matiz inmediato, sin subterfugios. Cuando se tiene que sobrevivir no hay mucho tiempo para pensar. Se debe actuar rápido y hacer lo que creemos que es necesario hacer. Y si lo que hicimos no funcionó, pues ya lo olvidamos y nos enfocamos en lo que sigue. Buscar algo de comer para sobrevivir te convierte en una especie de cazador. Sabes aprovechar las oportunidades. Y las pocas que tienes las aprovechas como mejor puedes. Por eso yo escondía algunas monedas dentro de mis zapatillas viejas y pequeñas. No era un gesto egoísta. El egoísmo, cuando el instinto habita en una primera capa de acción, no es sino una percepción occidentalizada. Al momento de sobrevivir no existe el egoísmo. Sobrevivir significa que más adelante lograremos ayudar a los que tenemos cerca. Y esto era precisamente lo que yo intentaba hacer con mis hermanos. Principalmente con Jemal, del que me sentía más responsable, pues Tariqu, como dije, siempre estaba a cargo de mi madre.

Por supuesto, las ideas que acabo de describir surgen de una meditación posterior. En ese momento vivía sin preguntas, sin pretender respuestas, vivía en la acción necesaria para sobrevivir. Cuando se trataba del hambre, como dije, no hay mucho más.

Así fueron los primeros años de mi vida. Pero una noche todo cambió y el instinto de supervivencia dirigió mis pasos hacia otro camino. Un camino que, a la postre, me llevaría a un mundo lejano que para mí era completamente impensado y desconocido.

Mi padre pasaba casi todas las noches en algunos bares cercanos a nuestra casa. Los llamo bares, pero lo cierto es que muchos de estos sitios no eran más que una ventana grande a pie de calle desde donde sacaban las bebidas. O un pequeño atrio con dos mesas viejas y asientos hechos con contenedores de cerveza y refrescos. O quizás cualquier esquina iluminada por un farol amarillento bajo el que se reunían hombres desesperados que apuraban un vaso tras otro. No era infrecuente ver a mi padre en uno de estos lugares, sentado en un largo banco de madera, con un vaso a un lado y con el kirar sobre la rodilla. La canción que tocaba la interrumpía constantemente para beber un trago. Así, lentamente, un sorbo a la vez, la música empezaba a desentonar al tiempo que mi padre se embriagaba. Muchas veces lo vi sentado en sitios como los que acabo de describir, rodeado de otros hombres borrachos, todos con los ojos rojos, la ropa desarreglada, las palabras saliendo por la boca a trompicones. Lo veía ahí, a veces riendo, siempre con un vaso de alcohol, y no podía saber si pasadas unas horas llegaría a casa para abusar de mi madre o para golpearnos a las dos con ramas de ortiga, palos de madera o vigas de hierro.

—Abeba Anmut, ¿tienes alguna moneda para tu padre? —me gritaba en algunas ocasiones cuando se daba cuenta de que yo andaba cerca, rondando por esa zona en donde los hombres alcoholizados poco a poco iban perdiendo el entendimiento.

Yo le entregaba alguna moneda por la venta de los cuchillos y me iba rápidamente de aquel lugar.

—¿Esto es todo lo que ganaste el día de hoy, Abeba Anmut? ¿Esto es todo lo que tienes para tu padre? —gritaba él al contar las monedas dentro de la palma de la mano. Yo lo escuchaba en la medida que me alejaba, rápido, sin ver atrás, incapaz de aguantar aquella visión desalentadora.

Cada vez que bebía mi padre se ponía muy agresivo. No solamente conmigo y con mi madre, sino con las personas que encontraba a su paso. No le importaba con quien estaba bebiendo, de un momento a otro se ponía a gritar y a insultar a las personas que tenía alrededor. Por este motivo se granjeó varios enemigos o, al menos, enemistades. Muchas personas no toleraban a mi padre cuando perdía la cabeza por culpa de la bebida. Nunca nadie intervino dentro de nuestra casa para ayudarme a mí o a mi madre, pero afuera de las paredes de nuestro hogar los desafueros de mi padre eran mucho menos soportados y aceptados.

Con cierta frecuencia gritaba e insultaba a unos vecinos cercanos. Vivían a pocas casas de nosotros. Entre mi padre y estos hombres —recuerdo al menos a dos hombres— las diferencias fueron creciendo con el paso de las semanas. No sé qué les decía mi padre. Posiblemente, no era más que palabrería de borracho o recriminaciones de viejas animadversiones. Fuera como fuera, una noche, mientras regresaba a casa, y luego de beber todo lo que había encontrado a su paso y de gastar hasta la última moneda, empezó a gritarles a estos vecinos. Era muy tarde. La luna llena iluminaba el cielo y permitía ver muy bien la calle, inundada por tonos grises y amarillos de algunas lámparas y fogatas lejanas. Mi padre, tambaleándose, no paraba de gritar una y otra vez hacia la casa de los vecinos. Parecía convencido de que estos hombres le habían hecho algo. O a lo mejor, en el delirio del alcohol, creyó que así era. La furia de mi padre era tremenda. Yo miraba todo desde la puerta de nuestra casa. ¿Qué estaba diciendo? No lo recuerdo. Pero debió ser demasiado para aquellos vecinos, pues en cierto punto de las amenazas y gritos salieron armados con dos palos de madera, idénticos a los que utilizaba mi padre para golpearme a mí y a mi madre. Desde la distancia veía a mi padre y a esos dos hombres como sombras corpóreas, tangibles, como cuerpos hechos de oscuridad. Los vecinos eran dos hombres jóvenes, grandes, fuertes y bien plantados. Estaban de pie frente a mi padre que a duras penas lograba mantenerse erguido por la borrachera. Uno de los hombres le hizo un gesto para que se fuera, como si intentara convencerlo para no hacer lo que ya sabía que haría, como si, por un momento, no quisiera recaer en la fatalidad y la violencia que crecía en todos los rincones de ese mundo. El otro hombre se mantenía al margen y no decía una palabra, pero mantenía los músculos en tensión, con el palo de madera bien apretado dentro de la mano, preparado para el ataque. Trataron infructuosamente de que mi padre se retirara. Pero los gritos continuaron y los insultos se redoblaron. Y así, en un abrir y cerrar de ojos, uno de los hombres lanzó el primer bastonazo. Dio un golpe certero en la cabeza de mi padre. El otro también empezó a golpear y en pocos segundos descargaron cientos de golpes, fuertes, decididos, terribles, sobre el cuerpo de mi padre que yacía inconsciente sobre la tierra reseca de aquella noche.

Yo no sabía qué hacer. Estaba ahí, viéndolo todo, asustada, asombrada, incrédula. En ese momento me di cuenta de que mi madre estaba junto a mí, en silencio. También ella veía a aquellos hombres golpear sin parar a mi padre. La situación no duró mucho. Tal como aparecieron, los dos hombres desaparecieron sin dejar rastro. En donde se había desarrollado la pelea no había sino un rastro de luna, fría, inclemente y silenciosa, deslizándose sobre el cuerpo inerte de mi padre.

En ese momento mi madre me dijo:

—Abeba, ven, ven conmigo, ayúdame a traer a tu padre, ayúdame a arrastrar a tu padre hasta la casa —lo dijo rápidamente, atropellando las palabras, y en la medida que lo decía ya se alejaba en dirección a mi padre.

Yo la seguí y aceleré el paso para alcanzarla.

—Agárralo de un brazo, Abeba, con fuerza, agárralo del brazo y ayúdame a arrastrarlo. No tengas miedo, Abeba. Con fuerza. Rápido. Hacia la casa. Con más fuerza.

Mi madre repetía lo mismo una y otra vez. Yo halaba con todas mis fuerzas, pero mi padre pesaba demasiado. Parecía que no íbamos a terminar nunca. En la medida que lo arrastrábamos pude ver el rostro ensangrentado de mi progenitor, las facciones congeladas en el miedo y el dolor. No se movía. No se quejaba. No recuerdo la temperatura de su piel, no recuerdo si me llené las manos de sangre, lo único que recuerdo con precisión es que me parecía extraordinariamente pesado. Poco a poco, entre las dos, logramos llevarlo hasta la casa. Lo dejamos en una de las esquinas, cerca de mis hermanos dormidos, apoyado sobre un hombro y con la cara vuelta contra la pared.

—Ahora vamos a dormir, Abeba —dijo mi madre entonces—. No pasó nada. Está bien. Todo está bien. Mañana será otro día. Mañana… Ahora vamos a dormir, Abeba… Todo está bien…

No recuerdo cuánto tiempo dormí esa noche. Estaba nerviosa por lo que acababa de presenciar. Pero en el fondo aquel suceso no era sino un episodio más de violencia en una vida llena de momentos violentos. No fue hasta el día siguiente que entendí la magnitud de lo que había pasado.

—Abeba, despierta Abeba —me susurró mi madre.

El día apenas empezaba a clarear en el horizonte. Era muy temprano. Hacía frío. Me incorporé restregándome los ojos y mi madre continuó:

—Tu padre no se despertó, Abeba. No se despertará más. Míralo. No se despertará nunca más.

En ese momento entendí: mi padre estaba muerto. Y lo más probable es que lo había estado desde la noche anterior, desde el momento mismo en que lo arrastramos entre las dos a la casa y lo dejamos sobre el suelo de tierra. En ese preciso instante algo cambió en mí. No fue el choque por la muerte de mi padre. Sinceramente creo que no sufrí la muerte de mi padre o, si lo hice, la sufrí muy poco. En el fondo me parece que estaba contenta porque la violencia contra mi madre y contra mí por fin había terminado. No fue eso, fue algo más, quizás la sensación de entender que pertenecía a un mundo lleno de violencia, pobreza, destrucción e incomprensión, quizás el instinto de supervivencia del que hablé más arriba, no sé qué fue, pero ese día, después de la noche funesta, decidí irme, alejarme de esa realidad, dejarlo todo atrás, de una vez y para siempre.

Aquella mañana me fui como tantas veces me fui de mi casa, sin un rumbo fijo, para recorrer las calles de tierra de Adís Abeba. En ese momento no podía saber que el primer paso que daba fuera de la puerta del que había sido mi hogar, era el primero para no volver jamás. Ese día me fui de mi casa para siempre.

Capítulo 4

El primer paso para no volver jamás. El gesto es simple: traspasar el umbral, salir de la casa, caminar sin ver para atrás. No podemos saber que ese primer impulso nos alejará para siempre. Me fui sin despedirme. Me aparté de todo lo que conocía y había conocido. Ya había amanecido. Atrás dejaba a mi madre, a mi hermano Tariqu, el cuerpo sin vida de mi padre. De haber sabido que me alejaba para siempre, que nunca más volvería a ver a mi madre y a Tariqu, quizás habría dicho algo. No sé qué podría haberles dicho. No sé qué podría decirles en este momento. Quizás solamente diría: lo siento, perdóneme, no quería dejarlos atrás, no los olvidaré nunca. A mi madre le diría que sé que hizo todo lo que pudo. Que la entiendo. Que la compadezco. ¿Qué más podría decirle? Quizás le diría que hubiera querido otro final. No lo sé. Pero lo cierto es que el tiempo corre, lento, y el pasado se aleja sin cambios.

El inicio de un camino para no volver jamás. Ese primer paso, de ese día perdido, sin fecha, sin una hora precisa, es quizás el más importante de mi vida, pues ese fue el que me trajo hasta donde estoy hoy. La vida es misteriosa, no somos capaces de comprender el alcance de nuestras intenciones hasta mucho tiempo después. Muchas cosas tendrían que pasar todavía. Pero ese día fue el inicio de un cambio fundamental. Ese día, al dar ese primer paso, el paso de una niña hambrienta y solitaria de seis años, un paso insignificante dentro del inmenso continente africano, ese día mi camino se alineó con el destino de una vida mejor.

Antes de dejar la entrada del que había sido mi hogar durante toda mi vida, realicé otro gesto simbólico: arrojé piedras a la casa de los vecinos que habían matado a mi padre. Lo hice con rabia, con frustración, con todo el dolor e incomprensión que podía sentir a mis seis años. Sinceramente creo que la situación me superaba. No entendía muy bien lo que había pasado. Los hechos eran demasiado recientes. No puedo hablar de dolor, quizás, como dije, sentí alivio de que todos los maltratos hubieran terminado tanto para mí como para mi madre. Lo que pasaba por mi mente y mi corazón era más profundo. Me sentía determinada a cambiar el estado de las cosas. Quería cambiar mi vida. Pero otra vez me encontraba con una barrea: solamente tenía seis años. ¿Cómo podía cambiar mi vida? Ahora que lo pienso creo que el gesto de lanzar piedras contra el tejano y los muros de los vecinos que le dieron muerte a mi padre era más amplio; quizás lanzaba piedras contra la realidad en la que vivía, quizás estaba rechazando el mundo que conocía, el único que conocía, a lo mejor pretendía apedrear el hambre, la pobreza, la carestía, las necesidades, el miedo, la violencia, la guerra. Lo quería dejar todo atrás. Y no me importaba el esfuerzo que tendría que soportar ni las dificultades que encontraría. Mi camino estaba en otro lado, lo sentía en lo más profundo de mi corazón, lo sentía como al imaginar que endosaba el vestido blanco tejido de sueños que encontré un día en una calle desolada. Ese primer paso se convertiría en miles de pasos hasta que finalmente diera con el lugar que sentía que me merecía.

Arrojé la última piedra, jadeante, y me fui sin ver para atrás. Caminé sin un rumbo fijo junto a Jemal (aquel día de determinación y cambios me llevé a mi hermano menor conmigo). Mi estado físico no era bueno por entonces. No sé cuántos días llevaba sin comer o comiendo de la basura, estaba sedienta, quizás tenía fiebre. Lo que sé es que a partir de ese día todo se torna vago en mi memoria. Recuerdo calles repetidas una tras otra, rostros que desfilaban ante mi cara, risas, gritos, palabras, formas. Lo recuerdo como una espiral que se expandía y contraía ante mis ojos. No sé cuánto tiempo caminamos. Lo que recuerdo es que vi aparecer y desaparecer la luna tres veces. Vi tres lunas brillantes, plenas, engastadas en el cielo negro. Por eso me es posible inferir que vagamos al menos durante tres noches por las calles de Adís Abeba. ¿Qué gente encontramos? ¿Qué comimos? ¿Qué bebimos? ¿Con quién nos cruzamos? No podría decirlo. La memoria me trae calles repetidas en una sucesión de calles infinitas. La noche, el día, la luna, el sol. Lo recuerdo como la escena de una película en donde las imágenes se tornan obsesivas, una cinta en donde todo se repite una y otra vez sin pausa, dentro de una sala de cine en donde la única espectadora soy yo y eso que se ve en la pantalla son imágenes entrecortadas de mi vida. La misma película una y otra vez, durante tres días con sus noches. El cinematógrafo era la luna; la pantalla, las calles de Adís Abeba; los protagonistas, una niña de seis años y un niño de cuatro años.

No tenía direcciones, pero sí un objetivo: la casa de unos familiares paternos. No sabía cómo llegar. O quizás lo sabía. No lo recuerdo con exactitud. Esa parte de mi familia paterna se había distanciado de mi padre sin posibilidad de reconciliación. Desconozco los motivos exactos de este alejamiento, lo que sí puedo afirmar es que el origen de la pelea fue porque mi padre gastó o perdió una gran cantidad de dinero de la familia. No sé si se lo bebió todo o lo malgastó de otra manera. El hecho es que esa parte de mi familia —que no vivían de manera acomodada, pero tampoco eran pobres— no querían saber nada ni de mi padre ni mi madre ni de sus hijos. También recuerdo que mi abuela paterna se había suicidado porque a uno de sus hijos —un tío que nunca conocí— lo mataron en una de las tantas guerras a las que se ha enfrentado mi país de origen en las últimas décadas.

No sé cómo lo conseguimos. No sé si, a través de los nombres y apellidos de mi familia, poco a poco las personas en la calle nos fueron guiando. Pero el hecho es que logramos dar con la casa de estos familiares. Cuando toqué la puerta mi estado físico y el de Jemal eran muy malos. Como dije, llevábamos al menos tres días vagando, malcomiendo, descansando mal, durmiendo en donde nos encontraba la noche, en ocasiones sin dormir, rebuscando en la basura, preguntando a un lado y a otro por estos familiares, estábamos sucios y con la ropa hecha jirones. Nos abrieron e inmediatamente observé en la cara de mis familiares paternos que no éramos bienvenidos. Sin embargo, tras explicar detalladamente lo sucedido, nos dijeron que nos llevarían a un lugar en donde nos encontraríamos bien. No sabía a qué lugar se referían, pero en todo momento insistí en que mi hermano Jemal y yo teníamos que estar siempre juntos.

—Mi hermano Jemal se mantendrá a mi lado. No me voy a separar también de él —les dije con decisión.

Los siguientes días fueron extremadamente confusos. No sé cuánto tiempo estuvimos en esa casa. No sé si fueron días u horas. No sé si dormí sobre un sillón quince minutos o semanas. No recuerdo si nos dieron de comer y, si lo hicieron, qué cosa nos dieron. Los momentos se entremezclan en mi memoria. No sé cómo ordenar las imágenes desde el momento que salimos de la casa y empezamos a vagar. La cronología parece lógica: salimos de nuestro hogar destruido, recorrimos la ciudad durante tres días y luego llegamos a la casa de mis familiares. Pero, como dije más arriba, en la memoria todo es fragmentado y hay saltos en el tiempo que parecen no tener justificación alguna. Recuerdo ver la luna, un callejón oscuro, luego aparece el rostro de uno de mis familiares paternos, de nuevo aparece la luna, camino, estoy lanzando piedras contra la casa de los vecinos que mataron a mi padre y entonces estoy sentada en un sillón, para inmediatamente después escuchar palabras que me dicen:

—Este lugar te va a gustar, Abeba. En este lugar te van a tratar muy bien a ti y a tu hermano.

—No, no me gusta.

—Pero ¿por qué no te gusta, Abeba? Es un bonito lugar y te van a tratar muy bien aquí. Te lo aseguro. No tienes que tener miedo.

—No, no quiero estar aquí. No me gusta.

Y así una y otra vez. Ahora sé que nos estaban llevando a conocer diferentes orfanatos y casas de caridad. Pero por una razón u otra yo rechazaba ciertos sitios. Y mientras tanto, el presente seguía mezclándose con el pasado y el futuro. Me perdía en las mismas palabras una y otra vez, en la misma caminata de tres días, en las piedras lanzadas contra los vecinos. Todo pasaba una y otra vez en mi memoria.

—¿Y este lugar? ¿Este sí te gusta, Abeba? Este te tiene que gustar...

—No, este definitivamente no. No me gusta este lugar. ¡Este no! —contesté en una de las visitas.

No recuerdo qué tenía de particular este lugar. Pero me negué rotundamente a pasar un segundo más en aquel sitio. Vimos tres o cuatro hogares en total. Ya estaba cansada. No quería seguir dando tumbos. Tenía que dejar de sentir la necesidad de huir o al menos empezar a creer que encontraría un lugar para mi hermano Jemal y para mí. Por eso, al visitar un orfanato de monjas, les dije a los familiares que nos llevaban:

—Este me gusta. Aquí nos quedamos. Nos pueden dejar aquí a mi hermano Jemal y a mí.

Y así, sin más, nos dejaron en ese orfanato. Lloré muchísimo cuando se fueron, la verdad es que me sentía abandonada. Nos dejaron completamente a nuestra suerte. Dos niños pequeños, de cuatro y seis años. Podía haber pasado cualquier cosa con nosotros, cualquier destino nos podría haber tocado, y estos familiares paternos se iban sin ver para atrás, como si esos niños indefensos no significaran nada para ellos. No mostraron ni la más mínima humanidad. No les importábamos. Y por momentos me parecía que no les importaríamos ni a ellos ni a nadie en este mundo, y esto era francamente descorazonador. No volvimos a saber de ellos jamás. Nuestro presente y futuro, para Jemal y para mí, era ese orfanato. No había más. Desde ese lugar tendríamos que cimentar nuestro futuro. Y hacerlo era mi responsabilidad. Así lo sentía. En adelante tendría que bogar yo sola por el futuro de mi hermano menor y por el mío. Era madura para mi edad, sí, pero no me cansaré de repetir que no era más que una niña de seis años.

No sé por qué este lugar me gustó más que los otros. No sé si las monjas me parecieron simpáticas, o quizás me gustó algo en la estructura, o sentí que me entendería con los otros niños. A lo mejor vi el gran edificio y sentí que ahí podría encontrar un lugar. La verdad es que no era una decisión razonada, era más bien impulsiva, era una corazonada. El hecho es que nos establecimos en este lugar, pero las cosas no eran tan buenas como en un primer momento pensamos.

Éramos más de trescientos niños en las instalaciones del orfanato y nos dividíamos en dos grandes espacios. Por un lado, los recién nacidos o niños todavía muy pequeños, y por el otro lado los demás, todos mezclados.

Recuerdo muy bien la gran puerta de entrada del orfanato, una puerta inmensa, descolorida, que rechinaba al abrirse y al cerrarse. Luego había una iglesia diminuta y al lado un gran edificio en construcción, vigas desnudas, concreto a medio vaciar, puntales de madera. Del otro lado estaba el edificio en donde vivíamos los niños sin padres o abandonados. En ese edificio éramos casi unos trescientos niños en total. Un poco más lejos de nuestro dormitorio, cerca de la entrada principal, estaba el lugar en donde vivían las monjas. Esta estructura a mí me parecía preciosa, un edificio de lujo, muy distinto al espacio en donde nos tenían a nosotros.

Cerca de la casa en donde vivían las monjas se encontraba la escuela. Y, un poco después, el comedor. La verdad es que desde que llegué al orfanato pude comer con regularidad, pero no comíamos suficiente y la comida era realmente mala. El menú de todos los días era el mismo: arroz blanco. Me dieron a comer tanto arroz blanco durante ese año que no pude volver a probar el arroz por años. Lo veía y me repugnaba, acercarlo a mi boca era sinónimo de sufrir arcadas. Pero, por supuesto, en el orfanato comía el arroz, puntualmente, día tras día. También nos daban piel de patatas (no las patatas, solamente la piel, los descartes) con cebolla. En otras ocasiones comíamos pasta sin nada, solamente hervida y presentada en los mismos platos blancos en donde nos servían el arroz blanco y las monjas blancas. El desayuno siempre fue el mismo: pan duro y leche.

La verdad es que para muchos de los niños que estábamos ahí esa comida era más abundante de la que habíamos visto en nuestra vida cotidiana anterior. Pero haciendo un ejercicio retrospectivo, me doy cuenta de que las condiciones del orfanato eran pésimas. No solamente la comida era claramente descartes y muchas veces restos viejos e insuficientes, como el pan duro, también la higiene era lamentable. Nos bañábamos una vez a la semana. Todos lo hacíamos en la misma agua, uno tras otro, hasta que pasaran por la palangana con agua jabonosa los trescientos niños del orfanato. El último niño que se bañaba lo hacía en un agua prácticamente negra. En los dormitorios las sábanas nunca eran cambiadas. Muchos niños no podían evitar hacerse pipí durante la noche y así quedaban las sábanas, manchadas y húmedas. Además, en una misma cama individual dormíamos cuatro niños juntos. Todo el ambiente en los dormitorios, en consecuencia, olía a pipí. También había ratas que caminaban de un lado a otro por todo el orfanato. Pero honestamente estas eran las que menos nos preocupan, a las ratas las considerábamos nuestras amigas y lo cierto es que las pobres tenían tanta hambre como nosotros. No olvidaré jamás las noches, luego de apagar todas las luces, cuando todo estaba oscuro escuchábamos el ruido de las patitas de las ratas corriendo alrededor, el olor a pipí impregnaba el espacio y, puntual, el ruido de nuestras barrigas comenzaba como una sinfonía triste y repetitiva. Siempre teníamos hambre, también en el orfanato.

Las condiciones eran difíciles, sin embargo, entre todos los niños nos hacíamos reír. Nos obligaban a aprendernos de memoria el Antiguo y el Nuevo Testamento, y nosotros pasábamos las noches imitando la cara de la serpiente en el Génesis, las tentaciones de Adán y Eva, imitábamos a demonios y ángeles, a reyes y a pecadores. Nos burlábamos de la Biblia y de las enseñanzas que las monjas blancas nos daban. También nos burlábamos de los profesores, algunos de ellos muy abusivos y violentos. Entre la mayoría de los niños que compartimos esos momentos en el orfanato se creó una complicidad y amistad duradera.

Casi desde el primer momento en que llegué, me hice muy amiga de una niña que había vivido situaciones similares a las mías: Jerusalemme, y también de un niño: Habtamu. La verdad es que entre nosotros nos entendíamos muy bien. No éramos más que unos niños, pero habíamos visto y vivido tantas cosas que entre nosotros se creó una conexión muy fuerte. Era extraño, pero en el orfanato en más de una ocasión sentí que algunas de las personas con las que me encontraba las conocía de antes. Era como si nuestros destinos se hubieran cruzado en otra vida, en otro plano, y en ese momento, entre aquellos grandes edificios repletos de niños de Etiopía, otra página se escribía para nosotros.

Esto también me sucedió con una niña muy pequeña, una recién nacida, a la que me dediqué a cuidar. Al bajar las escaleras desde nuestro dormitorio hasta la planta principal, podía seguir por un pasillo en donde, otras escaleras, me dejaban en la zona destinada a los niños de pecho. Estos necesitaban muchas más atenciones que nosotros. Recuerdo que estaban llorando todo el tiempo. Era entrar ahí y escuchar decenas de niños llorar. La verdad es que llegaba hasta ese lugar sin muchos inconvenientes, pues los niños tenían muy poca atención, casi nadie velaba por ellos, y era difícil encontrar una monja en este lugar.

De entre todos los niños mi atención se la llevó una niña de unos ocho o nueve meses. Me dijeron que se llamaba Nuria y desde ese momento creé una conexión poderosa con ella, muy parecida a la que sentí con Jerusalemme y Habtamu. La verdad es que en ese momento no comprendía muy bien qué me impulsaba a cuidar a los niños más pequeños, yo misma no era más que una niña de seis años. Pero con el tiempo he repasado una y otra vez el período que pasé en el orfanato, la situación que viví en casa de mis padres, la larga caminata hasta encontrar ese lugar, la sensación de abandono, y me di cuenta de que a lo mejor estaba tratando de saldar lo que sentía como una deuda. Dejar a mi hermano Tariqu y a mi madre fue muy difícil para mí. Todavía lo es. Las imágenes son nítidas en mi cabeza, todavía los veo en la casa que nos vio nacer a todos nosotros, entre las paredes de chapas de madera gastada, plástico y latas de aluminio. Veo a Tariqu en brazos de mi madre, lo escucho llorar de hambre. Por mucho tiempo me atormentó la idea de que debía haber hecho más para ayudarlos, de que tenía que haber hecho mucho más. Creo que cuidar a Nuria en el orfanato fue una respuesta al vacío que se creó en mí después de abandonar a Tariqu y a mi madre. No quiero decir que en el fondo no me importara Nuria, lo que intento decir es que me sentía culpable y de esta manera trataba de resarcirme.

El sentimiento de culpa por haberlos abandonado fue tan largo y profundo que tuve un sueño que se repitió con frecuencia durante muchas noches hasta que cumplí los quince años. El sueño era muy sencillo. Yo estaba en un autobús, sentada en uno de los asientos, cerca de la ventana. Abajo estaba mi madre y llevaba en brazos a Tariqu. Mi madre y mi hermano no subían al autobús, por algún motivo se quedaba abajo, entonces ella me decía: "No me abandones, Abeba. No me abandones". Poco después el conductor del autobús arrancaba. Yo seguía viendo a mi madre y a mi hermano en la calle vacía, solitaria y polvorienta. En ese momento mi madre trataba de alcanzar el autobús y me repetía una y otra vez: "No me abandones. Por favor. No me dejes aquí. No me abandones". Este sueño no era sino una reacción del subconsciente para tratar de aplacar el sentimiento de culpa que sentía por no haber hecho lo que creí que era mi responsabilidad hacer a los cinco a seis años: salvar a mi madre y a mi hermano menor.

Todo lo que acabo de decir, por supuesto, es producto de meditaciones posteriores. Por mucho tiempo he tratado de entender todo lo que me pasó cuando era una niña y las respuestas no siempre son evidentes. A veces, en realidad, debemos abandonar las pretensiones de querer obtener una respuesta. La vida es así. El mundo es así. La crueldad, la injusticia, el sufrimiento, todo esto existe. Pero como siempre digo, también está la otra cara de la moneda: la bondad, el amor, la paz. Está en nosotros elegir, está en nosotros decidir cómo ver el mundo. Y, como dije más arriba, ya por aquellos años en el orfanato yo había elegido ver todo lo bonito que hay en la vida y enfrentar la realidad con una sonrisa.

Capítulo 5

Cuando llegué al orfanato no me encontraba muy bien, tenía la barriga inmensa y redonda, hinchada por los parásitos y además sufría de sarna. Me picaba mucho el cuerpo, no podía dejar de rascarme y tenía la piel en carne viva. Estas eran las consecuencias más visibles que mostraba mi cuerpo después de pasar tantos años vagando por las calles de Adís Abeba escarbando entre los basurales en busca de algo de comer. La verdad es que muchos de los niños que estábamos en el orfanato presentábamos problemas similares. Pero lo que se veía, lo físico, lo más evidente, no era el mayor de nuestros problemas. Dentro de cada uno de nosotros muchas veces se estaba librando una batalla tremenda. En el orfanato la mayoría de los niños habían pasado por episodios de violencia y abusos. Y no era infrecuente encontrar niños traumatizados y violentos.

Lo cierto es que no teníamos una verdadera ayuda. Las monjas nos "cuidaban" —y debo entrecomillar la palabra— de cualquier manera. Ya conté que la higiene era pésima, también la comida. Pero había más. Quizás las mujeres encargadas de nosotros no estaban preparadas para la tarea o, sencillamente, éramos demasiados niños para que la atención se notara. Fuera como fuera, muchas veces nos sentíamos un poco por nuestra cuenta en el orfanato. Yo bajaba al lugar en donde estaban los niños recién nacidos y pasaba horas y horas cuidando a Nuria. La pequeña había pasado por unos momentos muy malos por la poca alimentación y los cuidados, pero siguió creciendo fuerte y al poco tiempo la adoptaron.

Ser adoptados era lo que todos los niños que estábamos en el orfanato teníamos en mente. Recuerdo que había un edificio muy grande, limpio y luminoso cerca del que ocupaban las monjas. A este edificio iban los niños que pronto serían adoptados. En este lugar los bañaban, les daban ropas nuevas y los perfumaban para que los padres extranjeros los vieran por primera vez de una manera digna y decente. Ese edificio estaba atiborrado de ropa y de cosas que podríamos haber usado los niños del orfanato, pero no veíamos nada de eso. Todo aquello estaba reservado para los niños que pronto se irían con los padres adoptivos. Aquel edificio era un verdadero taller de limpieza y acicalamiento. Los niños que entraban ahí salían siendo otros. Ya cuando salían arreglados y listos para irse con su nueva familia, nosotros, los que nos quedábamos, los veíamos desde lejos y soñábamos que también algún día alguien se interesaría por nuestro destino. Las monjas no nos dejaban acercarnos mucho a los niños que se iban para siempre del orfanato y de Etiopía (prácticamente todos los casos de adopción eran en el extranjero, los niños terminarían en Europa, mucho de ellos en Italia). No sé si no nos dejaban acercarnos para no molestar o para no ensuciarlos. Las monjas también nos repetían una y otra vez que cuando fuéramos adoptados (si corríamos con esta suerte) no podríamos mostrarles a nuestros nuevos padres las condiciones en las que vivíamos, ni hablarles del hambre y la cenas con conchas de patata y arroz blanco, mucho menos mencionar el baño en el agua mugrienta y las noches en camas orinadas, rodeados por el ruido de las patitas de las ratas. Nosotros, desde lejos, no decíamos una palabra. Y honestamente creo que los padres adoptivos casi nunca se daban cuenta de nada, encontraban a su hijo vestido y arreglado y se iban del orfanato tal y como habían llegado. No tenían tiempo de ver las condiciones de vida de aquel hogar de adopción. O sencillamente estaban demasiado contentos con el nuevo miembro de su familia como para reparar en aquel entorno infantil que, a fin de cuentas, estaba engastado en un país pobre, problemático y conflictivo.

Ser adoptado era una esperanza para todos. También una suerte. Pero esta suerte estaba reservada a los niños más pequeños, como Nuria, o a los que rondaban los cinco, seis o siete años. Era muy difícil que los niños más grandes fueran adoptados. Prácticamente, ningún padre solicita adoptar a un adolescente de dieciséis o diecisiete años. ¿Y qué pasa con estos muchachos si no son adoptados? Si no son adoptados a los dieciocho años deben regresar a las calles, a la ciudad, a buscar comida entre la basura o ganarse la vida como mejor puedan, sin saber un oficio y sin tener una profesión. A los dieciocho años ya no pueden estar durante más tiempo en el orfanato. Por este motivo muchos de los muchachos más grandes eran francamente violentos con los niños pequeños. Con frecuencia nos pegaban y nos maltrataban. Ahora entiendo que estaban frustrados y tristes porque ya sabían el futuro que les esperaba. Saber ese futuro los hacía doblemente crueles y malos. Nos hacían verdaderamente de todo. A veces el orfanato parecía más una cárcel que un hogar de adopción. Los mayores nos quitaban la comida —la poca y mala comida que teníamos—, a las niñas nos jalaban del cabello, nos golpeaban, escupían, empujaban y maltrataban de cientos de maneras distintas. Y lo peor es que nadie hacía nada para detenerlos o para cuidarnos. Las monjas, en la mayoría de los casos, brillaban por su ausencia. Yo era fuerte, decidida, rebelde, y muchas veces me enfrenté como pude a estos maltratos. Ya no quería seguir soportando humillaciones. Pero una niña de seis años no puede hacer demasiado. A esa edad la diferencia de fuerzas es abismal. Una vez más me daba cuenta de que estaba por mi cuenta. Sin embargo, no me lamentaba. Mi hermano Jemal estaba conmigo y había conocido a mis dos buenos amigos Jerusalemme y Habtamu. Además, sería injusto decir que la mayoría de los niños no se comportaban bien entre ellos. Los adolescentes en el orfanato no eran muchos. Y si bien los maltratos de estos se notaban, entre los demás siempre nos encontramos a gusto.

Denunciar los maltratos de los niños era difícil, pues las monjas y los profesores también nos golpeaban. La verdad es que nos trataban como a seres de segunda. Nos miraban como si no fuéramos niños indefensos que sencillamente estábamos buscando un poco de protección y cariño. Las monjas fueron realmente malas con nosotros —excepto una de la que hablaré más adelante—. Denunciar o reclamar los abusos ante los adultos que velaban por nosotros era inútil. Nadie nos escuchaba en el orfanato. Nadie nos quería realmente.

En la escuela la situación no mejoraba. Como expliqué más arriba, siempre me ha gustado estudiar, pero el tiempo que estuve en el orfanato fui realmente muy rebelde y esto me trajo serios problemas con algunos profesores. La verdad es que estos docentes no tenían ninguna paciencia con nosotros y mucho menos vocación de enseñante. En no pocas ocasiones los profesores me golpearon y me hicieron verdaderas torturas. Recuerdo que me ponían un boli entre los dedos y lo giraban con fuerza para que me doliera. Me pellizcaban y torcían las orejas con llaves hasta sangrar. En ocasiones me ordenaban que levantaran los brazos y los dejara en alto hasta que a ellos les pareciera suficiente. También me golpeaban con palos de madera en las manos, las rodillas y el culo.

Yo reclamaba como podía:

—¡No pueden hacer esto! ¡No deberían hacer esto! ¡No es justo! ¡No está bien! —gritaba.

Pero los profesores eran completamente insensibles a los gritos y al dolor de los niños.

—¡Muéstrame las manos, Abeba Anmut! ¡Te voy a golpear hasta que aprendas a respetar nuestra autoridad! —me gritaba uno de los profesores y desenvainaba una larga vara de madera con la que me golpearía hasta dejarme las manos enrojecidas.

Yo no era la única del orfanato que sufría estos episodios de violencia. De hecho, era bastante común que los profesores golpearan a los niños. Parece mentira, pero aquello parecía una asignatura más: por la mañana Religión, por la tarde golpes con un palo de madera en las rodillas. Yo ya había vivido demasiados episodios de violencia con mi padre y no lo soportaba más. Sin embargo, al mismo tiempo estaba convencida de que el mundo no podía reducirse a toda esa violencia. Crecí en la pobreza, las dificultas, la guerra, pero algo dentro de mí, en lo más profundo de mi ser, me decía que había mucho más. Soñaba con un lugar de paz, amor y prosperidad. Era muy pequeña todavía y todo lo que había conocido del mundo era maldad y abusos. Había visto la cara más cruel y tremenda de la existencia y no llegaba a los siete años. Pero quizás fue precisamente eso lo que me hizo ser más fuerte y lo que a lo largo de mi vida me ha permitido esforzarme sin desfallecer hasta lograr mis sueños y objetivos.

Los golpes de los profesores del orfanato eran injustos y de una crueldad inhumada, pero yo tenía mi mundo interior, la visión de las estrellas, brillantes y plenas sobre África, la imagen del vestido blanco y elegante con el que pasearía por tiempos y lugares mejores. Soportar los golpes era difícil, pero mi actitud ante los golpes —y la vida— me permitía entender que aquello era temporal y que lograría concretar todo lo que siempre había soñado. Llegarían los momentos de alegría. Lo sabía, lo sentía.

Podía ver la alegría en los niños que iban a ser adoptados. Bañados, limpios, vestidos, con una sonrisa de oreja a oreja. Esa era la felicidad que todos y cada uno de nosotros nos merecíamos. Pero las sonrisas, en realidad, muchas veces escondían dolor y separación.

No olvidaré jamás una tarde en que uno de los niños me llamó para que lo acompañara a ver a uno de los que estaba por ser adoptado. Yo fui con él sin entender muy bien qué se proponía. Me llevó de la mano hasta una reja desde donde podíamos ver bien a los padres adoptivos cuando llegaban al orfanato. El niño que me pidió compañía iba cabizbajo y estaba visiblemente triste. Cuando estábamos ahí, al ver aparecer a uno de los niños vestidos y arreglados, listo para irse, el chico levantó la mano, señaló y me dijo:

—¿Ves a ese niño que se va? Ese es mi hermano. Hoy lo van a adoptar y no lo veré nunca más. Esta es la última vez que estoy cerca de él. Se va para siempre. Está ahí, cerca, y ya lo extraño. Quisiera abrazarlo, pero no puedo.

Y esto último era cierto. Las monjas no dejaban que abrazáramos a los niños que iban a ser adoptados. Ni siquiera dejaban que los hermanos se despidieran. Luego, con el tiempo, me enteré de que en este tipo de asociaciones de adopción siempre buscan romper los lazos de sangre. Dividen a los hermanos y a los familiares en diferentes organizaciones para que cada uno haga su vida por separado. Incluso los envían a países diferentes.

Verdaderamente se comportan de manera inhumana. Actúan como si encontrar una familia para que adopte a un niño que no tiene nada en el mundo fuera la venta de un vehículo o algo por el estilo. No les importan los sentimientos. Además, pocos padres adoptivos están dispuestos a hacerse cargo de dos hermanos al mismo tiempo. Quizás por eso las organizaciones ocultan que existen lazos entre los niños. Pero no se dan cuenta del daño que hacen a esos mismos niños. O quizás estoy pecando de ingenua en este momento. Por supuesto que se dan cuenta, pero sus intereses van dirigidos hacia otro lado. Se me escapa hacia dónde. Pero si el fin de estas organizaciones fuera realmente el bienestar de los niños muchos de los aspectos de la realidad que ahí se vive serían modificados.

También es cierto que algo hacen. Sería injusto no decirlo. Les encuentran un hogar a muchos niños. Pero honestamente hay mucho que corregir en los centros de adopción como en el que yo viví. Espacios que parecen, repito, más una cárcel insalubre y violenta que un lugar en donde los niños esperan, con esperanza, encontrar un hogar.

Pero no todo es absolutamente culpa de los centros de adopción. El centro de adopción en donde yo estuve durante un año era un reflejo del caos social y político de Etiopía. Además, muchos padres que quieren adoptar a un niño no están preparados para adoptar. Estos padres, a veces indolentes, muchas veces indiferentes, preferían ver a otro lado, se llevaban a su niño y se olvidaban del espectáculo de las trescientas criaturas hacinadas, mal alimentadas y sucias del orfanato. La verdad es que ser un padre adoptivo no es para nada fácil, es necesario tener vocación. La mayoría de los niños que estábamos en el orfanato de Adís Abeba habíamos vivido episodios de violencia, hambre, desesperación, abusos, habíamos visto a personas morir, sufrir, y nos habíamos paseado por todos los tormentos del mundo entre las calles y callejones. Muchos de nosotros estábamos traumatizados. ¿Cómo culparnos? Y los padres no podían pretender recoger a un niño del orfanato y que luego todo fuera sonrisas y olvido. Las cosas no son tan fáciles. Las cosas no funcionan así. El trabajo de un padre adoptivo es quizás más difícil que el de un padre biológico. Deben tener una paciencia infinita y un amor puro e incondicional para conllevar y subsanar los problemas que arrastra su hijo desde la más tierna infancia, para ayudarlo a entender todo lo que vivió en su país de origen.

Entre la desorganización de los orfanatos y la inmadurez, insensibilidad o poca vocación de los padres adoptivos en ocasiones se crean situaciones terroríficas. No solamente separan a los hermanos, que ya es muy grave, sino que en muchas ocasiones los padres se llevan a los niños y al cabo de unas semanas los devuelven al orfanato. Es como si de repente determinaran que se arrepienten de su decisión o que ya no están tan convencidos. Por eso decía más arriba que la adopción (al menos en mi país de origen) parecía una venta al mejor postor.

No olvidaré nunca el caso de Sima. Era una niña que había perdido las piernas en un accidente. No sé si fue a causa de una explosión o por metralla de la guerra. Una tarde unos padres adoptivos se la llevaron. La habían vestido y bañado. Sima estaba radiante y alegre. Se despidió de nosotros para siempre, tomó un avión y pensamos que no la volveríamos a ver. Pero al cabo de unas pocas semanas estaba de vuelta en el orfanato. Los padres, con una insensibilidad, frialdad y dureza tremendas, la devolvieron. Se arrepintieron de haberse llevado a Sima o no quisieron tener la responsabilidad de cuidarla. Fuera como fuera, la dejaron y no volvieron jamás tampoco ellos, desaparecieron para siempre, como si adoptar a un niño fuera lo mismo que tomar unas vacaciones. Algunas de estas actitudes eran francamente indignantes. Lo eran en el momento y lo son todavía ahora que soy capaz de entender mucho mejor el funcionamiento del mundo.

—¿Ves a ese niño que se va? Ese es mi hermano. Hoy lo van a adoptar y no lo volveré a ver nunca más.

Cuando aquel compañero del orfanato me dijo esto, comprendí lo anterior: separan a los hermanos, rompen los lazos y si les da la gana devuelven a los niños. Pero saber esto, en lugar de desmoralizarme, me llenó de coraje para luchar. Al principio honestamente la pasé muy mal. Pensaba que, si me separaban de mi hermano Jemal, si también tenía que alejarme de Jemal como tuve que alejarme de mi madre y Tariqu, pues en este caso todo habría acabado para mí. No lo soportaría. Por mi mente llegaron a pasar pensamientos suicidas. Recuerdo que una vez vi a un niño cruzar una calle y pensé que sería muy fácil lanzarme debajo de un vehículo para que me arrollara. Mi hermano Jemal era todo lo que me quedaba en el mundo y no estaba dispuesta a alejarme de él. Pero no sabía qué hacer.

Fue entonces que mi mejor amiga, Jerusalemme, me dijo:

—Lucha, Abeba. Tienes que luchar. No tenemos otra opción sino la de luchar. Lucha para que te adopten con tu hermano. Lucha siempre por lo que quieres. No dejes que los separen.

Y eso fue exactamente lo que hice.

En ese momento recordé a una de las monjas que mejor nos trataba dentro del orfanato. Me acerqué a ella y poco a poco la fui "trabajando". La buscaba por todas partes y le explicaba que si me adoptaban tenía que ser con mi hermano. O nos íbamos juntos o no nos íbamos a ningún lado. La encontraba a la hora de comer. En el reparto de los niños pequeños. Al salir de la escuela. Cuando jugaba con mis compañeros. Antes de dormir. Y cada vez que la veía, fuera donde fuera, sin falta, le repetía:

—Recuerda lo que hablamos. Mi hermano y yo nos vamos juntos.

Y así una y otra vez. No sé cuánto tiempo pasó. Pero bastaba cruzar una mirada con esta monja para que inmediatamente viera en lo más profundo de mis ojos que mis palabras eran ciertas y que estaba decida a cualquier cosa con tal de que nos adoptaran juntos. Un día ella se acercó a mí y me hizo una pregunta:

—¿Prefieres espaguetis o macarrones?

No sabía a qué se refería. No era hora de comer. Además, nosotros nunca elegíamos lo que íbamos a comer.

—¿Espaguetis o macarrones? —repitió ella.

No tenía idea que esa pregunta, un poco absurda, significaba que nos habían adoptado. La monja me estaba preguntando si quería ir a Italia (espaguetis) o a Alemania (macarrones). Nos habían adoptado juntos a mí y a mi hermano Jemal. No tendríamos que separarnos. Aquella tarde decidí responder con el corazón:

—¡Espaguetis! ¡Espaguetis! —grité.

Capítulo 6

Mientras mis días en el orfanato continuaban, muy lejos, en el norte de Italia, unos padres se perdían en un laberinto burocrático del que por momentos pensaban que no encontrarían salida. Alessandro Rossi y Sofía Lunardello estaban luchando por adoptar dos niños. No querían adoptar uno, sino dos, y este proceso no era nada fácil. Llevaban dos años apelando la decisión de un juez de menores del Véneto que había decidido negarles la adopción. Pero ni Alessandro ni Sofía estaban dispuestos a rendirse. Les impulsaba un sentimiento puro y auténtico, estaban llenos de amor y querían compartirlo.

Los jueces, sin embargo, parecían querer negar el lado humano y la sensibilidad para enfocarse en aspectos prácticos y mundanos. Alessandro y Sofía tuvieron que pasar por un largo proceso. Visitaron oficinas, rellenaron planillas, firmaron documentos y fueron investigados una y otra vez por las autoridades. En una ocasión mandaron a la policía a su casa para comprobar que eran buenas personas y que el ambiente era apto. El juez ordenó investigar todas las cuentas e inversiones de los esposos para asegurarse que el dinero que tenían provenía de fuentes lícitas. También se entrevistaron con un sacerdote para que el religioso determinara si Alessandro y Sofía eran honestos. Además, el juez ordenó (si después de todo esto estaban dispuestos a continuar con el proceso de adopción) que debían visitar durante al menos seis meses a un psicólogo que se encargaría de escudriñar la historia familiar y personal de cada uno, los sentimientos y emociones, los pensamientos y las creencias, el comportamiento, la forma de relacionarse, los objetivos, las motivaciones y el subconsciente. Con esto determinarían si calificaban o no como padres adoptivos.

Mientras el proceso de Alessandro y Sofía se alargaba en la brumosa y fría llanura del Véneto, en Etiopía trescientos niños se peleaban por unas conchas de patata con cebolla y se bañaban una vez a la semana en un agua negra. Pero esto no podía interesarle a ningún juez, lo más probable es que ni siquiera se detuviera a pensar en estos detalles. Los jueces encargados de calificar a los padres adoptivos se demoran en revisar las cuentas de ahorro y pasan por alto otros aspectos que por simple sentido común permitirían determinar quién es apto y quién no.

Cuando empezó el proceso de Alessandro y Sofía por querer adoptar a dos niños, quizás yo ni siquiera había llegado al orfanato, a lo mejor todavía vagaba por las calles de Adís Abeba en busca de algo de comer, probablemente todavía tendría que presenciar la muerte de mi padre y tendría que dejar atrás a mi madre. Así de largo, engorroso, repetitivo y trabado fue el proceso de adopción para ellos. Pero, como dije, estaban dispuestos a luchar. Y Alessandro y Sofía no son de los que se rinden fácilmente. Repetirían una y otra vez todo el proceso si esto era necesario para adoptar a los dos niños. Volverían a rellenar los documentos. Visitarían otra vez las oficinas públicas. Se pararían una vez más frente al juez, el policía y el sacerdote. Y si hacía falta, regresarían a las sesiones con el psicólogo.

Pero afortunadamente nada de esto fue necesario. Los dos largos años terminaron con el visto bueno para la adopción de dos niños. En una de las últimas sesiones con la psicóloga, la profesional encargada del caso les pidió a Alessandro y Sofía que dibujaran en un papel la forma en cómo se imaginaban a su familia. Ellos tenían un hijo mayor, Leonardo, por lo que en ese momento el núcleo familiar estaba formado por tres personas. Pero tanto Alessandro como Sofía dibujaron sobre el papel a cinco personas: mamá, papá, hermano mayor y dos niños. Esos dos niños, sin que ellos ni nosotros lo supiéramos, éramos Jemal y yo. Alessandro y Sofía luchaban por nosotros y por entonces todavía estábamos a más de siete mil kilómetros de distancia. Pero la distancia era un detalle menor, era como si el amor y un lazo profundo y duradero ya se hubiera formado entre nosotros.

La solicitud de adopción había sido aprobada. Poco tiempo después, Alessandro y Sofía recibieron una fotografía mía y de Jemal. Eran unas fotos espantosas. No solamente estaban mal iluminadas y mal encuadradas, sino que las hicieron en el peor momento posible. Mi hermano Jemal en la fotografía se ve muy asustado. Y no era para menos, pues cuando le hicieron aquella instantánea estábamos en la policía, de hecho, la hicieron unos policías. Antes de ir al orfanato era necesario pasar por un proceso en una jefatura en donde debíamos mentir y decir que no teníamos familiares, decir que no dejábamos a nadie atrás, de lo contrario no nos aceptarían en el orfanato. El ambiente en la jefatura de policía era hosco y, por supuesto, no nos encontrábamos a gusto. Además, nunca habíamos visto uno de esos apartados negros y cuadrados ante el cual nos obligaban a posar. Quizás esa fue la primera fotografía de mi hermano Jemal y mía. Yo, además, me encontraba mal físicamente y en el momento en que me lanzaron la foto que mandarían del otro lado del mundo para que Alessandro y Sofía decidieran si nos aceptaban o no, en ese momento, que quedaría inmortalizado en nuestras memorias, yo, como dije, estaba mintiendo. Y odio mentir. No me gustaba sentirme de esa

65

forma. Además, me afectaba mucho decir que no tenía padres ni hermanos y asegurar una y otra vez que no dejaba a nadie atrás. Ya conté lo difícil que fue para mí dejar a mis familiares. No estaba nada contenta con tener que mentir de esa forma ante un policía y esto se notaba en mi gesto, en mi cara, en mis ojos, en mi postura. En la imagen me veían francamente incómoda, como si no supieran en dónde esconderme. Todo esto hizo que Sofía, tras ver la fotografía, pensara que yo tenía un problema mental.

Pero debían decidir rápido si nos adoptaban o no. El juez no les daba mucho tiempo para pensar. Después de más de dos años de lucha, lo único que tenían de nosotros eran dos fotografías y la necesidad de comunicarles al juez si aceptaban. En el momento en que las fotos llegaron a Véneto, Alessandro estaba fuera de Italia, se encontraba en París por motivos de trabajo. Las imágenes solamente las pudo ver Sofía antes de la decisión, pero los esposos hablaron por teléfono.

—El niño parece asustado. Y ella, la niña, me parece que tiene algún problema psicológico —dijo Sofía a través del teléfono.

—No importa los problemas que tengan. Los querremos tal como son. Si estás de acuerdo, le diremos al juez que queremos adoptar a los dos niños —contestó Alessandro desde París.

Y esto fue exactamente lo que hicieron.

Por eso cuando la monja que yo había tratado de persuadir una y otra vez para que me adoptaran con mi hermano me preguntó: "¿Prefieres espaguetis o macarrones?" Y yo grité "¡Espaguetis! ¡Espaguetis!" Ya del otro lado del mundo sabían que íbamos a ser adoptados en

Italia. Lo sabían Sofía y Alessandro. Cuando la monja me informó que nos iríamos juntos Jemal y yo mi alegría fue inmensa. Lo que más me importaba de toda aquella situación era que no me separaría de mi hermano menor. Sobre lo demás, la verdad es que no tenía muchas expectativas. No sabía cómo sería mi vida después de ser adoptada, pero tampoco me demoraba demasiado pensando en los detalles. Además, Italia para mí era el nombre de un país como cualquier otro. Lo realmente importan en ese momento, como dije, era haber logrado el objetivo que me había propuesto: no separarme de Jemal.

Les dije a mis compañeros del orfanato que seríamos adoptados y cuál fue mi sorpresa al descubrir que también mis mejores amigos, Jerusalemme y Habtamu, serían adoptados el mismo día. Sentía que al fin las cosas empezaban a enderezarse hacia el lugar que durante tantos años había soñado en silencio.

Nos llevaron al gran edificio, el alto, bonito y moderno en donde bañaban y vestían a los niños antes de irse. Nos dimos un baño como no recordábamos haberlo hecho nunca en el orfanato y a mí me dieron un precioso vestido rosa. Durante todo el proceso de bañarnos y vestirnos las monjas me insistieron mucho en que no dijera nada a nuestros padres adoptivos sobre las condiciones en que vivíamos, ni sobre la dieta, ni sobre los dormitorios, muchos menos sobre la falta de higiene. Nada de nada. Quizás insistían mucho conmigo porque conocían mi carácter rebelde. No le di demasiada importancia a lo que me decían las monjas y salí del edificio pletórico, muy bien vestida y perfumada.

Las horas pasaban lentamente. Estábamos ansiosos. En cierto momento de aquel día nos pidieron que fuéramos cerca del edificio principal, en donde estaba la gran puerta que chirriaba cuando se abría y se cerraba. Nos paramos ahí, Jemal y yo, y la puerta se abrió. Era un jueves, todos los acontecimientos importantes de mi vida han pasado los días jueves. La puerta se abrió y ahí estaban Alessandro y Sofía, también Leonardo. Nos miramos unos segundos mientras se acercaban. Sonreían. Venían por nosotros. Estaban muy contentos. Quizás yo también estaba contenta, pero en ese momento pensé que no tenía tiempo que perder y desoyendo lo que me habían dicho las monjas mientras me bañaba y vestía empecé a contar todo lo que me parecía que estaba mal en aquel orfanato. Hablé rápidamente, atropellando las palabras, al tiempo que arrastraba a mis padres adoptivos de un lado para otro, quería que lo vieran todo, que supieran por lo que habíamos pasado y por lo que muchos otros niños seguirían pasando hasta que fueran adoptados. Les di un tour completo. Al terminar, ni Sofía ni Alessandro podían creer la forma en la que vivíamos. Claro que yo les hablaba en mi lengua natal y ellos me contestaban en italiano, por lo que no me entendieron ni una palabra y yo al mismo tiempo no entendí nada de lo que ellos me dijeron. Pero la realidad y la verdad del orfanato era demasiado elocuente y tremenda como para que no comprendieran que en mi tono de voz había una gran indignación.

Estábamos en esto cuando uno de mis compañeros del orfanato, el pequeño Alí, se sujetó de la pierna de mi padre con todas sus fuerzas, al tiempo que le gritaba que por favor lo llevara con él. Alí lloraba, desconsolado y triste. La escena fue realmente muy dura, sobre todo para mi padre, que por más que hubiera querido hacer algo por Alí en ese momento aquello era imposible. Ya había pasado con éxito por un laberinto burocrático. Y sabía que la burocracia, en este tipo de lugares, antecede al amor. Esta, sin embargo, no sería la última vez que vería a Alí.

Finalmente salimos del orfanato. Una de las cosas que más me sorprendió al irme fue darme cuenta de que los niños que estábamos saliendo en ese momento éramos reemplazados por otros niños. El número exacto de salida por el número exacto de entrada. Comprendí que el número de niños era limitado y seguramente afuera, en las calles, entre los montones de basura o en casas con padres violentos, seguirían muchos pequeños solos y sin oportunidades. Aquella era la realidad del país, la cara más dura de la desesperación, la carestía y la pobreza: niños indefensos cuya única preocupación debería ser jugar, estudiar, sonreír y que, por el contrario, solamente piensan en sobrevivir. Fue un largo año para Jemal y para mí en el orfanato. Pero la puerta de entrada chirrió por última vez y lo dejamos atrás para siempre.

Mis padres adoptivos se movilizaban por la ciudad con un vehículo alquilado. También habían contratado seguridad privada, unos cuantos guardaespaldas que velaban por la seguridad de todos ellos. Casi todas las personas que llegaban del extranjero por aquella época hacían lo mismo. El país seguía en guerra contra Eritrea y las condiciones sociales y políticas eran muy inestables. No eran medidas exageradas, pues en Etiopía una persona de piel blanca es sinónimo de persona acaudalada o rica. Los peligros pueden ser muchos al desplazarse por un país con tantos problemas y en donde la pobreza y la violencia son tan elevadas.

Al llegar al hotel en donde se estaban hospedando, yo no podía crear toda la belleza y limpieza que veía alrededor. En la habitación, por señas, mis padres me hicieron entender que tendría una cama para mí sola. Y como si esto fuera poco mi madre abrió una gran maleta que estaba repleta de ropa nueva para mí. Había de todo:

vestidos, pantalones, zapatos, faltas y franelas con estampados de flores que me encantaban. Yo, honestamente, no podía creerlo. Nuestra suerte parecía haber cambiado definitivamente. Lo teníamos todo. Y la atención que nos daban era increíble para Jemal y para mí.

Esa misma noche nos abrieron la ducha con agua caliente y no lo podíamos creer. Toda esa agua tibia que parecía no tener fin. Jemal y yo saltábamos dentro de la regadera gritando de alegría, riendo, eufóricos. Hubiéramos podido pasar horas y horas debajo de la ducha.

La cama era un lujo al que no estábamos acostumbrados. Habíamos pasado del piso de tierra de nuestro hogar de nacimiento, aquel piso en donde se comía, se desplumaban pollos y se dormía, a las camas del orfanato en donde nos arrellanábamos entre el olor a orine cuatro o cinco niños como mejor podíamos. Ahora todo ese espacio que sobraba en la cama nos parecía excesivo. Pero lo mejor de aquel primer día todavía estaba por llegar: la comida.

Bajamos al restaurante de hotel, donde servían todo tipo de comidas en un largo bufé. Entré ahí maravillada y sin comprender muy bien si podíamos comer todo lo que quisiéramos. Pero al mismo tiempo, sin dudar un segundo, tomé uno de los platos y me serví todo lo que pude. El plato estaba repleto, la comida se caía por los bordes. Repetí lo mismo varias veces. Aquella noche comí como diez personas adultas. Había pasado demasiados momentos de hambre como para desaprovechar esa ocasión. Aquello fue como si quisiera comer en una sola noche por todos los días y noches que los pasé sin comer. Era como si me desquitara, como si quisiera aplacar para siempre el tan conocido y recurrente sonido de mis tripas. Me serví tanto picante que las encías me sangraron. Lo cierto es que comí tanto, una y otra vez, que me sentí mal. Aquello fue francamente demasiado. Pero mis padres no me dijeron nada, por supuesto, nos dejaron hacer a Jemal y a mí lo que quisimos y nos hicieron entender que en adelante no nos volvería a faltar de comer. Pero una cosa era que nos lo dijeran (nos comunicábamos muy mal, además, entre idiomas que desconocíamos) y otra cosa era entenderlo cabalmente.

Pasamos quince días en el hotel, disfrutando de las largas duchas de agua caliente, de la abundante comida y de las camas suaves y tibias. Era necesario estar esta cantidad de días en Etiopía para asegurarse que ningún familiar fuera por nosotros. Al cabo de este tiempo nos fuimos al aeropuerto. Nunca nos habíamos montado en un avión, por supuesto, y ahí estábamos, despegando de la tibia tierra amarilla que baña todo el Cuerno de África, remontando el vuelo entre las nubes blancas y serenas, para encaminarnos a un mundo del que nada conocíamos y que una y otra vez resonaba alrededor nuestro con la meliflua y melódica palabra Italia.

Capítulo 7

Aterrizamos en Roma y desde ahí abordamos un tren hacia el norte de Italia. Nunca olvidaré el día que llegamos a Europa, era el 22 de abril de 2002, una tarde primaveral, fría, luminosa. En esos primeros instantes todo era demasiado nuevo y distinto para mí como para poder entenderlo con plenitud. Las calles eran diferentes a las de mi tierra natal, los edificios repetían una arquitectura que nunca había visto antes, los trenes, las luces, los automóviles, todo parecía tener un orden y un origen distinto. Pero lo más sorprendente para mí fue que toda la gente con la que nos cruzábamos era blanca.

Llegamos al Véneto. Honestamente, yo no entendía lo que había pasado. Sentía que, tras haber dado un paso, un simple paso, había saltado, sin escala, sin intersticio alguno, desde el Cuerno de África hasta ese lugar frío, gris y neblinoso en donde la gente parecía estar siempre enfadada, apretada dentro de los abrigos, muy serios debajo de los paraguas y completamente indiferentes a lo que podía estar pasando a pocos metros de ellos. La vida mostraba un ritmo completamente diferente al que estaba acostumbrada. Lo que más me impresionaba eran las caras largas. Me era imposible entender qué le estaba pasando a esa gente. ¿Por qué estaban tan serios? ¿Es que acaso todos estaban enfadados al mismo tiempo por un motivo que se me escapaba? Veía a estas personas como sumergidas en un río del que no podían escapar, arrastrados por unos objetivos demasiado abstractos y oscuros para mí en ese momento. Yo, en cambio, estaba siempre contenta. Me detenía a descubrir todo lo nuevo que me ofrecía el mundo, una vegetación distinta, un cielo que nada tenía que ver con el cielo que había dejado atrás en África y, en las noches, las estrellas, las mismas estrellas de siempre en las que me podía sumergir como lo hacía desde que tenía memoria.

La casa de mis padres adoptivos era enorme. Tres cuartos, dos baños, cocina, comedor, sala, terraza. Teníamos de todo. Creo que al principio yo me encontraba un poco en *shock*, insisto en que no podía entender cómo había cambiado tanto mi vida en tan poco tiempo. Pero esto no impendía que me sintiera en el paraíso. Tenía casa, comida, ropa. No podía pedir más.

Recuerdo que la primera noche en mi nueva casa me dediqué a abrir todos los cajones que encontré en uno de los cuartos. Abría, sacaba, lo encontraba y lo dejaba todo regado. Mi madre adoptiva me preguntaba una y otra vez qué estaba haciendo. Pero yo no contestaba. Ella, en realidad, me dejaba rebuscar en todos lados, sin interponerse. Yo sencillamente estaba controlando todo, quería saber qué pasaba o tratar de comprender todo aquello que era tan nuevo para mí. Me parecía que en toda aquella situación debía haber un truco. Era demasiado bueno como para ser verdad. No sé qué cosa pensaba encontrar en esos cajones. Quizás lo sabría cuando lo encontrara. Iba a un mueble tras otro. Ropa, joyas, zapatos, enseres de aseo, papeles, objetos extraños que no me decían nada, todo lo saqué de su lugar, todo lo miré por unos segundos, finalmente todo lo descarté. ¿Qué buscaba? No lo sabré nunca. Era como si pensara que en aquel mundo nuevo todo era una escenografía. Le buscaba las costuras a la realidad. Trataba de desarmar el extraño e irreal entramado que algunas tramoyas de teatro habían levantado para engañarme. Así de desconfiada era. Había pasado por demasiadas cosas en mi vida como para no tomar lo que se me ofrecía con un poco de suspicacia. No sé lo que buscaba en esos cajones, repito, no sé lo que creía, pero lo cierto es que no encontré nada alarmante.

Al poco tiempo de aquel escudriñamiento exhaustivo en todas las gavetas, nos fuimos a la cama. Pero yo no me fui a dormir. Esperé que todo estuviera oscuro y en silencio, que no se escuchara nada en ninguna de las habitaciones, y en ese momento salí de la cama de un salto. Me dirigí con cuidado hacia la cocina. Caminaba muy despacio, con mucha atención a que mis pasos no fueran a despertar a nadie. Una vez que me encontré en la cocina, me orienté en la oscuridad hacia el frigorífico. Tomé el manillar y halé. Estaba repleto de comida. Había de todo. La luz de la nevera iluminaba cada cosa y yo no tenía más que elegir algo para comerlo. Era demasiado fácil. No lo podía creer. Había luchado toda mi vida para proveerme algo de comer, había escarbado en la basura para encontrar un poco de pan que me permitiera sobrevivir, y ahora tenía todo eso a pocos pasos, solamente tenía que salir de la cama, caminar, halar una puerta y listo.

—Definitivamente tiene que haber un truco en todo esto —pensaba en aquel entonces—. Algo está pasando aquí. ¿Qué estarán tramando?

Me costaba demasiado trabajo confiar en los demás.

Yo había pasado demasiada hambre durante demasiado tiempo, por eso, aquella primera noche, sin pensarlo mucho, resolví tomar algo de comer, lo suficiente, y me lo llevé al cuarto. No tenía hambre en ese momento. No hacía mucho tiempo que habíamos cenado. Pero el instinto de supervivencia todavía operaba en mí con una fuerza arrolladora. Agarré la comida que había tomado de la nevera y la oculté debajo de la almohada.

—Pase lo que pase mañana o pasado mañana —pensé— aquí tendré algo para comer y para poder resistir unos días. Es mejor que sea precavida.

Pero aquel refrigerador era mágico. Todo lo que me llevaba en la madrugada estaba al día siguiente de vuelta entre los estantes. Nada se acababa. Todo volvía una y otra vez a su lugar. No importaba cuánto me llevaba. No importaba cuánto ocultaba debajo de la almohada o cuánto comía, aquella nevera estaba siempre repleta. En el orfanato cada cosa que había se acababa rápido. Si no éramos veloces, quizás nos quedaríamos sin comer. Debíamos actuar, comer rápido, y si algo sobraba, un poco de arroz blanco o unas conchas de patata, quizás podríamos repetir. La premura y las ansias por comer rápido eran tremendas en el orfanato. Por eso sentía tanto miedo, no sabía si algo de aquello se acabaría y yo me quedaría sin nada.

Tras la primera noche, al despertarme e ir a desayunar, me senté a la mesa sin saludar a nadie. Estaba encerrada dentro de mí misma. No podía confiar. Me costaba demasiado. Con los años me di cuenta de que la paciencia de mis padres adoptivos fue enorme. Nunca me pusieron mala cara. Nunca trataron de apresurar mi adaptación al nuevo país ni al entorno, tampoco quisieron acelerar mi confianza hacia ellos, dejaron que todo se diera lentamente y de una manera orgánica. Dejaron que el proceso tuviera su propio ritmo. Por muchos meses, quizás unos cuatro o cinco meses, cada vez que me sentaba a comer en mi nuevo hogar, colocaba un brazo delante del plato, para protegerlo, y sin ver a nadie comía rápidamente, con la cabeza baja y la vista clavada en los alimentos. No hablaba con nadie. No saludaba a nadie, insisto, comía y me iba.

Poco a poco me fui acostumbrado a mi nueva realidad. Pero sinceramente no era nada fácil para mí. No encontraba aceptable salir a la calle y ver solamente a gente blanca. Gente blanca enfadada. Gente demasiado preocupada por sus propios asuntos como para entender que están vivos y que lo tienen todo al alcance de la mano. Recuerdo que me sorprendía mucho que las personas (todas las personas) pudieran obtener dinero gracias a una tarjeta que sumergían en una máquina. Nunca había visto los cajeros automáticos y todo aquel proceso me parecía mágico y poderoso. A mí toda mi vida me había costado mucho obtener unas pocas monedas y en este nuevo mundo las máquinas de la calle escupían dinero.

El primer año en Italia estaba muy triste. Escribía un diario y una y otra vez hablaba de mi madre biológica Alemnesh y de mi hermano menor Tariqu. Me culpaba por haberlos dejado. No podía sacarme esta idea de la cabeza. Me costaba mucho pasar un día sin sentir que, de alguna manera, al irme, les había fallado. No tenía ninguna noticia de ellos. No sabía qué había pasado desde el momento que me fui de aquella casa de paredes de madera, plástico y metal. Estos sentimientos no me los guardaba solamente para mí, cada día les decía a mis padres adoptivos:

—Tenemos que regresar a Etiopía para buscar a mi madre y a Tariqu. No podemos dejarlos allá. Por favor, vamos a regresar. Algo podremos hacer. Estoy segura. Tenemos que hacer algo por mi hermanito.

Por supuesto, estas no eran sino las ilusiones irrealizables de una niña.

En realidad, era prácticamente imposible que mis padres adoptivos, por más que quisieran, pudieran hacer algo.

Otro de los aspectos por los que estaba siempre triste era porque mis padres adoptivos eran disciplinados con nosotros. Eran unos padres de verdad, nos educaban y en consecuencia no podíamos hacer lo que nos diera la gana. Yo, que había pasado por muchas cosas en las calles de Adís Abeba, me revelaba ante la disciplina y la autoridad que imponían mis padres. No estaba acostumbrada a que me dijeran qué hacer o cómo debía hacer las cosas. A los siete años era madura, tenía una identidad predefinida y un carácter muy fuerte. La vida me había forjado lentamente de esa manera y era difícil cambiar de un día para otro, como si con una pincelada borrara todo mi pasado de golpe. Además, el choque cultural había sido muy fuerte para mí. En mi país de origen todos colaboran en todo: cocinar, limpiar, trabajar (desde que tenía memoria había estado en la calle vendiendo los largos cuchillos de mi padre biológico). Pero ahora, en Europa, yo tenía que ser una niña otra vez y mi única función era asistir al colegio y jugar.

La verdad es que a mis siete años veía los juegos como algo inconcebible. Yo había crecido rápidamente y no tenía tiempo ni ganas para jugar. Veía a niños de mi edad hablar con sus muñecos y pensaba que eran de otro mundo. Era demasiado madura para mi edad. Por este motivo no podía simplemente dedicarme a hacer lo que los otros niños hacían. Me encontraba como en la frontera entre dos mundos: seguía siendo una niña, pero pensaba casi como un adulto.

En muchos aspectos no me encontraba a gusto. Me sorprendía, por ejemplo, la cultura consumista de las personas. No se daban cuenta que lo tenían todo: casa, comida, seguridad, paz. Siempre querían algo más, objetos superfluos e inútiles por los que se desvivían día a día hasta conseguirlos. Tenían de todo, pero eran infelices. Nadie se detenía un segundo a mirar la naturaleza o a observar el cielo y el lento movimiento de las nubes, algo muy normal para mí. En su afán por hacerse cada vez con más cosas, las personas en Europa parecían correr en una carrera frenética que los dejaría más vacíos que antes. Casi todos compartían estas características que a mí me parecían deleznables después de haber sufrido tanto para conseguir un poco de comida para sobrevivir en África.

Y en el medio de todo esto estaba yo, con siete años, sin saber muy bien si era de Etiopía o de Italia. La verdad es que no me sentía de ninguna parte. Estaba sola. Incomprendida. Intentando pertenecer a un mundo de juegos que no era el mío. Rechazando el pasado violento, de hambre y carestía que había dejado atrás y que tampoco reconocía como mío. ¿Quién era? ¿Adónde iba? Mi hermano Jemal se había adaptado muy bien a la situación. Reconocía la autoridad de nuestros padres y se encontraba muy a gusto con la nueva realidad. Quizás pudo adaptarse más fácilmente por ser un poco menor y por no haber visto y vivido tantas cosas como las que viví yo.

En cualquier caso, no me quejaba de mi suerte. Solamente estaba luchando para tratar de adaptarme a mi nueva realidad. Esta lucha me hacía muy rebelde en casa, sobre todo con mi padre, Alessandro. Creo que esto se debía a que mi padre biológico Anmut había abusado mucho de mí y de mi madre. Nos había golpeado tanto aquellas noches en las que regresaba a casa borracho, tambaleándose de un lado a otro, que a mí me costaba mucho crear un círculo de confianza con mi nueva figura paterna. Mi padre adoptivo lo intentaba todo conmigo, pero yo no le daba ni un abrazo, no lo quería cerca. Y él, con un amor incondicional y una paciencia infinita, lo intentaba una y otra vez, un paso cada día, hasta lograr ganarse mi confianza.

También sufría por la forma en que me habían educado en Etiopía. Creo que en mí pervivía cierto temor a la violencia masculina. Por ejemplo, al principio me costaba mucho sentarme a la mesa con todos los demás, como una familia. Yo esperaba en la puerta a que los hombres terminaran de comer. Me parecía que ese debía ser el protocolo. Al menos así me habían educado. Una vez que los hombres terminaran, ya podría comer yo. Por supuesto, esto en Europa era inconcebible; pero este tipo de tradiciones arraigan tanto en nosotros que ya no obedecen a la razón, sino a ciertos automatismos. La forma en que fui educada en mi país de origen también me hacía imposible ser indiferente ante los labores de la casa. Mi madre adoptiva quería encargarse de todo, pero yo sentía que debía ayudar.

—Abeba, no tienes por qué hacer esto, no hace falta que recojas la mesa o friegues los platos, puedes ir a jugar con tus hermanos —me decía mi madre una y otra vez.

Pero yo no le hacía caso. Por otra parte, también me costaba mucho trabajo confiar en ella. De hecho, seguía sintiéndome responsable por mi hermano Jemal y no dejaba que nadie estuviera a solas con él. No permitía que se alejara de mí. Tenía miedo de que pudieran hacerle algo, o que le pasara algo, no lo sé. Mi desconfianza era enorme. Me demoré cerca de siete años en dejar a mi hermano Jemal solo. No le di un abrazo a mi padre adoptivo hasta cuatro años después de aquel 22 de abril de 2002 en que aterrizamos en Roma. Así de grande era la desconfianza y el miedo que arrastraba desde los días en que recorría las desoladas calles de Adís Abeba.

Además, mi actitud no era pasiva ni mucho menos. Como dije, era muy rebelde y todo lo que pensaba lo decía a la cara. No me importaba el efecto que pudieran producir mis palabras. Si creía que algo estaba mal o que algo estaba pasando de una manera que no me gustaba, pues confrontaba la situación.

Necesitaba tiempo para confiar en mis padres. Y la verdad es que en muchas familias como la nuestra los padres adoptivos no tienen la paciencia necesaria para ayudar a sus hijos. Jemal y yo tuvimos mucha suerte en este sentido. Muchos niños como nosotros crecieron en situaciones trágicas y complicadas. Lidiamos con demasiadas cosas. Por eso los hijos adoptivos de lugares como el que yo provengo podemos llegar a ser muy duros con nuestros padres. Para ellos tampoco es fácil sentir el rechazo —como dije, a mi padre no le di un abrazo en los primeros cuatro años de convivencia—, y eso que nos habían dado todo lo que necesitábamos y me habían demostrado una y otra vez que les importaba. De hecho, al llegar a Italia tenía la piel en carne viva por la sarna, quizás, de no haber sido adoptada, no hubiera sobrevivido más de un año en aquel orfanato. Mis padres adoptivos nos lo daban todo, repito, y fue gracias a su amor incondicional y paciencia que poco a poco lograron cimentar en mí una confianza duradera y profunda.

La verdad es que Jemal y yo tuvimos mucha suerte de llegar a una familia maravillosa. Y a la larga el amor sólo puede ser respondido con amor.

Capítulo 8

Los primeros meses una de las mayores preocupaciones que tenía en Italia era por el agua, pero por el motivo contrario al de Etiopía. En mi tierra natal era francamente muy difícil encontrar agua para beber y muchas veces teníamos que otear el horizonte a la espera de nubes cargadas de lluvia o directamente recurrir a los charcos de aguas empozadas con la esperanza de que estuviera limpia. En Italia, en cambio, sentía que toda esa agua que no había tenido a lo largo de mi vida se desperdiciaba sin remedio. Al ducharme, sufría mucho y trataba de recoger lo que se desperdiciaba. Me dolía mucho que se perdiera tanta. Quizás esto no lo puede entender una persona que no ha pasado las vicisitudes que yo pasé, pero para mí el agua se convirtió en una verdadera obsesión durante los primeros meses en Europa. No es fácil acostumbrarse a una "normalidad" cuando en tu vida has encontrado tantas dificultades. Sentía que en Europa utilizaban el agua sin pensar. No le daban verdadera importancia al derroche. Les parecía un recurso infinito. Esto me molestaba y llegué hasta el punto de hablarle al agua como si fuera una persona.

La realidad era muy distinta en Europa. Los cambios eran muchos. Yo trataba de adaptarme de la mejor manera que podía, pero no siempre fue fácil.

Sin embargo, en el colegio me iba muy bien, era muy querida y muy buena estudiante. Recuerdo que el primer día que llegué a clases me recibieron con un cartel de bienvenida. Hice amigos muy rápido y muchas de estas amistades las mantengo hasta ahora.

Honestamente, creo que, como era tan madura para mi edad, me manejaba de una manera distinta y esto me daba ciertas prerrogativas con mis compañeros de clases. Yo sabía cosas que ellos no sabían y en muchas situaciones tenía la mirada de un adulto. Algunos niños fueron violentos conmigo en el colegio (creo que en el fondo era porque estaban enamorados de mí), pero no sabía reaccionar ante los episodios de violencia. No respondía. No sabía qué hacer. Me quedaba en blanco. Me decían algo sobre el color de mi piel y yo sencillamente me bloqueaba. Alguna vez hablé con mi madre al respecto.

—Esas situaciones de violencia no están bien, debes poner un límite, Abeba —me dijo ella.

Mi madre me ayudó mucho e hizo un gran esfuerzo para que volviera a ser una niña otra vez. Muchas veces intentó explicarme con los mejores argumentos que conocía que no era necesario sentir miedo de nada ni de nadie. Trató una y otra vez de transmitirme que podía confiar en ellos. También trató de enseñarme que debía respetarme a mí misma. Pero pasaron muchos años, cerca de veinte, para que esto finalmente sucediera.

Cuando se metían con mi hermano Jemal en el colegio, yo me convertía en una guerrera y lo defendía con toda mi determinación y fuerza. Pero cuando se metían conmigo, como dije, no hacía nada, no reaccionaba.

—¿Cómo te sientes, Abeba? ¿Eres más etíope o italiana? —me preguntaban algunos compañeros, burlándose de mí.

Por toda respuesta, yo simplemente lloraba.

Estaba librando una verdadera batallada dentro de mí. Esto es tan cierto que por aquella época no podía ni mirarme al espejo. La psicóloga que visitaba por entonces me decía que me parara frente a un espejo y hablara conmigo, que me sincerara, que me escuchara decir lo que siempre había querido decir, pero no podía hacerlo. Para mí este simple acto era imposible. La lucha que se estaba desarrollando en mí era muy grande. Me debatía entre esos dos mundos (el familiar y el social) con muchas dudas, miedos y traumas de mi infancia que necesitaba resolver.

Sin embargo, como dije, en el colegio me iba bien con la mayoría de mis compañeros. Al menos tenía esto. Socialmente me sentía bien. Me hice amiga de todos y al mismo tiempo quería ser la mejor en cada ámbito. Tampoco encontré nunca ningún inconveniente con ninguno de los profesores, algo muy distinto a aquellas experiencias que había sufrido con los profesores en el orfanato durante el año que estuve ahí.

No obstante, en casa era completamente lo contrario. Seguía siendo muy rebelde y no era capaz de confiar en mis padres adoptivos. En el mundo externo (el colegio, los compañeros, los amigos) estaba muy cómoda y era amigable. En la vida familiar estaba en una lucha constante que duró muchos años. No podía abrirme y confiar. Y la verdad es que mis padres adoptivos son dos diamantes, dos seres maravillosos, pacientes y cariñosos. Hicieron un trabajo profundo conmigo, paso a paso, un trabajo psicológico lleno de amor. Creo que en el fondo yo era incapaz de abrir mis sentimientos con ellos porque no quería sufrir si les pasaba algo. Tenía miedo.

Temía a muchas cosas: a sufrir, a la soledad, a que nos abandonaran. Temía que le pudiera pasar algo a mi hermano Jemal. Como dije más arriba, me demoré cerca de siete años en dejar a mi hermano solo. No fue hasta que cumplí trece o catorce que finalmente pude deshacerme de este temor que me impedía una total libertad de acción, tanto a mí como a Jemal.

Pero todo lo que acabo de contar no impidió que pasara por momentos muy bonitos durante los primeros años en Italia. Recuerdo con mucho cariño las Navidades. Me fascinaban los cerros llenos de nieve, idénticos a *Pandoros* rociados de azúcar. Todos nos reuníamos un día antes de las Navidades para hacer a mano los *Cappelletti* que comeríamos. Era un proceso largo, pero muy divertido. A mí esto, en cierto aspecto, me recordaba algunos momentos de la tradición etíope en que todos se reúnen y trabajan en conjunto, con armonía, paz y cariño. En Italia era hacer la pasta fresca, levantarse temprano el veinticinco de diciembre para colaborar entre todos; en Etiopía era la epifanía, aquella fiesta en la que se mataba el gallo, se desplumaba y luego se cocinaba en comunidad.

Durante los primeros meses en Europa también me recuperé mucho físicamente. Subí más de diez kilos en un solo año. Al llegar a Italia rondaba los dieciocho kilos, un año después ya estaba cerca de los treinta. Con una alimentación normal, durmiendo bien, descansando y sin necesidad de trabajar, mi cuerpo se desarrolló de golpe. Me desarrollé a los ocho años. No sabía cómo decirle a mi madre lo que me estaba pasando, todavía no era capaz de comunicarme bien, pero con paciencia logré hacerle entender lo que me sucedía. De hecho, desarrollarse a una edad tan prematura es algo muy común entre las niñas adoptadas y muchas veces los padres no saben cómo manejar esto psicológicamente. Es una ironía, pues en tu nueva vida estás tratando de volver a ser niña y la naturaleza te dice que ya debes ser una mujer.

Al desarrollarme tan temprano, mis padres me llevaron al médico. Fue una experiencia que me asustó mucho, pues me metieron en un largo tubo en donde debía permanecer mientras escuchaba ruidos violentos. Me negaba a aceptar nada de aquello. Pero tuve que sobreponerme y vencer aquel miedo. Mientras estaba dentro del tubo, me enfoqué en los pensamientos bonitos que tenía dentro de mí y, una vez más, me vi endosando aquel vestido blanco y hermoso que me llevaría a concretar todos mis sueños. Esta imagen es una verdadera fuente de fuerza para mí. Pensaba en las luces nocturnas y en las estrellas lejanas, y me veía a mí misma como una estrella que brillaba en la oscuridad. Sumergida en mis pensamientos, todo pasó mucho más rápido y al salir, los doctores me dieron un premio al "coraje". Esa tarde mis padres me llevaron a casa y me hicieron el ragú más bueno del mundo, que yo me comí en un bocadillo. En ese momento me sentía muy feliz. Ya todo había pasado. Luego mis padres me explicaron con mucha dulzura que aquellos análisis habían sido necesarios porque era muy pequeña aún para desarrollarme y convertirme en mujer. A partir de ese momento empecé un tratamiento para detener mi ciclo menstrual y no perjudicar mi crecimiento. El primer día de cada mes me debía hacer una inyección. Era una tortura. La aguja era muy gruesa y el líquido que me inyectaban quemaba mucho. Lo tuve que hacer todos los meses hasta que cumplí los doce años.

Pero también viví otros momentos hermosos e inolvidables durante los primeros años en Italia. Uno de estos fue un viaje que mis padres organizaron a la Toscana. Este viaje me pareció maravilloso: los paisajes, compartir todos juntos, la novedad, el descubrimiento. Recuerdo muy bien las colinas sembradas de viñedos y olivos, los surcos de tierra color siena, los altos cipreses que bordean caminos que parecen serpentear hasta las grandes fincas vinícolas. Los borgos. Las murallas. Los girasoles. Los castillos almenados que coronan una colina tras otra. Era todo muy bonito. Pero al mismo tiempo tenía mucho miedo de que nos fueran a abandonar.

Este era un miedo que no podía quitarme de encima. Pensaba que en cualquier momento nos podían dejar y tendríamos que regresar al orfanato. Este no era un miedo infundado, pasaba muchas veces. En demasiadas ocasiones tuve que ver cómo los niños que habían sido adoptados regresaban a las mismas habitaciones en donde nos hacinábamos sobre colchones malolientes, a las mismas conchas de patata con cebolla, a la misma agua negra en donde nos bañábamos uno tras otro. Podía suceder después de quince días o de tres meses de dejar el orfanato. De hecho, estábamos acostumbrados a que esto sucediera. Por eso teníamos tanto miedo. Pensar que esto nos podía pasar a mí y a mi hermano Jemal me horrorizaba. No quería regresar. No quería estar otra vez entre aquellas monjas. No quería volver a escuchar aquella puerta que chirriaba para cerrarse y dejarnos una vez más adentro.

Del viaje a Toscana también recuerdo los cuentos que nos narraba mi madre, las historias preciosas, las fábulas, los juegos que hicimos con nuestros padres. Me encantó la sensación de poder jugar sin pensar en nada más que jugar, un sentimiento que no sé si había experimentado hasta ese momento. Jugar sin tener restricciones, sin detenerme a pensar que más tarde tendría que buscar algo de comer en las calles o, de lo contrario, me iría a dormir escuchando el sonido de mis tripas. Esas preocupaciones ya no existían. Y cuando jugábamos en aquel viaje a Toscana entendí (pero quizás sólo por un segundo, en un momento de lucidez) que aquello era posible: estar en el más inmediato ahora sin preocupaciones de ningún tipo.

Toscana en mi memoria es esas dos aristas tan distintas: la maravilla, la belleza, la hermosura natural, el Renacimiento, el Medioevo, los caminos, las colinas, los castillos, los juegos, los cuentos de mi madre, pero, también, el miedo, el recuerdo del orfanato, las monjas, el abandono, la injusticia, la soledad, las camas sucias y la mala comida.

Todos estos momentos fueron muy importantes para mí.

Pero definitivamente, los recuerdos más bonitos que tengo de estos primeros años en Europa son las reuniones anuales que se hacían con los otros niños adoptados de Etiopía. Se organizaba dos al año, una en verano y otra en Navidad. Durante la jornada se cocinaba la comida típica etíope y todos nos sentábamos juntos a hablar y a compartir lo que teníamos. Esto a nuestros padres adoptivos les impresionaba mucho. Pero para nosotros era muy natural. Casi todos los niños que estábamos ahí compartíamos experiencias similares en las que redundaba el hambre, la soledad y la violencia. Y todos habíamos encontrado una familia que nos protegía. Era un sitio en donde se mezclaba el pasado, el presente y el futuro. Pero nosotros seguíamos en alerta (y algunos de nosotros continuaríamos así por muchos años), por eso nos juntábamos y compartíamos todo lo que teníamos, porque no sabíamos cuánto tiempo más íbamos a poder disfrutar de aquella abundancia. En estas reuniones no siempre participaban todos los niños que habían sido adoptados, pero muchos de ellos sí lo hacían. En ocasiones llegamos a ser trescientos niños. Los padres adoptivos se daban cuenta que estas reuniones eran importantes para nosotros. Y la verdad es que reencontrarnos significaba mucho. Durante estas jornadas, por ejemplo, pude ver de nuevo a Jerusalemme y a Habtamu, mis inseparables amigos del orfanato. También me encontré al pequeño Alí, el niño que se había guindado a la pierna de mi padre en Etiopía al tiempo que le gritaba que por favor lo llevara con él. Alí había conseguido un hogar. Todos los que estábamos ahí habíamos conseguido un hogar. Y esto era hermoso.

En una ocasión me pasó algo increíble durante una de estas reuniones. Yo ya era algo mayor. Recuerdo que estaba en la gran sala en donde compartíamos todos juntos y de repente vi a una niña que me parecía muy conocida. No sabía dónde la había visto. No lo recordaba. Pero ella también me miraba a mí como si me conociera de algún sitio. Comenzamos a hablar, le pregunté de dónde venía y cuál fue mi sorpresa al descubrir que esa pequeña niña que estaba junto a mí en el norte de Italia era Nuria, la bebé de ocho meses a la que yo cuidé en el orfanato cuando tenía cinco o seis años. Aquello era increíble. Parecía que la vida de todos nosotros estaba unida y, por más que estuviéramos disgregados por el mundo de una manera u otra, teníamos que reencontrarnos. Habíamos escapado de la violencia, el hambre y el terror, habíamos perdido el contacto, no sabíamos nada el uno del otro y, de repente, cuando menos nos lo esperábamos, ahí estábamos de nuevo, todos juntos, compartiendo.

Estas eran situaciones esperanzadoras y llenas de amor que, de una manera u otra, nos reconciliaban con la existencia misma. En momentos como estos, parecía que todo lo que habíamos vivido y sufrido encontraba su justificación. Esa justificación era el amor y los lazos duraderos que se podían formar entre nosotros sin importar la edad, la distancia o el tiempo.

Capítulo 9

No sé qué día nací. Pero al llegar a Italia me celebraban sin falta mi cumpleaños todos los años. Era una fiesta enorme y maravillosa que todos los niños del colegio esperaban con ansias. Invitábamos a todo el curso y, como lo celebrábamos en carnaval, nos disfrazábamos. Las celebraciones de mi cumpleaños fueron momentos maravillosos, pero al mismo tiempo no podía desasirme completamente del miedo que sentía, igual a como me sucedió en el viaje a Toscana. Era un miedo que me consumía, no me dejaba en paz y lo tenía presente siempre.

Lo pienso ahora y es comprensible. Había pasado por muchas cosas, por eventos traumáticos, y no podía olvidarlos de la noche a la mañana para continuar con mi vida como si nada hubiera pasado. En Italia todo estaba bien. Tenía una familia que se preocupaba por mí. Estaba junto a mi hermano Jemal. Teníamos comida, una cama, un techo, una educación, amigos. No obstante, nada de esto mitigaba el atroz recuerdo de lo que había vivido, ni el miedo a reencontrarme con esas situaciones de nuevo.

El miedo cuando se hace parte integral de nosotros nos opaca por completo y todo lo que vivimos parece quedar sumergido bajo el matiz oscuro de un terror que al ser inidentificable o pertenecer al pasado es más terrible, pues, como decía, no tenía ningún motivo para temer, pero ahí seguía el miedo, junto a mí, en estado puro, inalterable.

Ahora comprendo que no me podía dejar ir ni entregarme completamente al amor y a la confianza de mi familia adoptiva por miedo a sufrir de nuevo. Pero esta es una meditación posterior. En aquel momento, cuando era una niña que celebraba los cumpleaños, no lo comprendía cabalmente, sólo lo vivía y lo revivía una y otra vez, como si algo me susurrara al oído que tarde o temprano tendría que regresar a las calles de Adís Abeba, a las montañas de basura, al sonido de mis tripas, a la violencia de mi padre biológico. Por eso me mantenía siempre en guardia. Quizás prefería mantenerme en este estado de expectación antes de entregarme por completo a una vida que a lo mejor tarde o temprano me arrebatarían. Quería mantener todo bajo control. Me bloqueaba para no sentir ningún tipo de emoción. Y cuando ya no lo soportaba más, me rebelaba ante todos y mi único instinto era el de huir.

Este sentimiento de huida siempre me ha perseguido. Es como si sintiera que el pasado pudiera atraparme y llevarme de vuelta a todo lo que sufrí. Por eso, cuando me siento atrapada, escapo.

Mis padres adoptivos, que son personas sensibles y supieron entender mi situación, decidieron que pasara una semana al año en las montañas, en una especie de campamento de verano en donde había niños de mi edad. Estos fueron momentos muy importantes para mí. Realmente necesitaba esos retiros lejos de la cotidianidad y en contacto profundo con la naturaleza.

Tengo recuerdos muy bonitos en este lugar, alejada de todo, dedicada a contemplar los árboles, el cielo, las estrellas. Durante el retiro escribía poemas y llevaba un diario con todas las impresiones que aquello me causaba. Realmente esto era algo terapéutico para mí. También hacíamos juegos sorpresas y organizábamos largas caminatas por los senderos. Caminábamos muchísimo. A mí me costaba mucho seguir el ritmo de mis compañeros porque, a causa de la mala alimentación que había tenido en mi infancia, no tenía una buena contextura muscular. Lo cierto es que no crecí mucho de estatura. Pero esto no era una limitación durante las largas caminatas, yo quería seguir el ritmo como todos los chicos y con determinación finalmente lo conseguía.

Recuerdo que en el diario que escribía por aquellos años abundaban las palabras llenas de esperanza por reencontrar a Tariqu. Esta seguía siendo una gran preocupación para mí. Me sentía en deuda por haber dejado a mi madre y a mi hermano menor en Etiopía. Mantenía lazos familiares con personas del otro lado del mundo y no sabía ni podía saber nada de ellos. Esto era muy duro. La incertidumbre de no saber qué había pasado con ellos me atormentaba. No sabía si Tariqu había sobrevivido. Tampoco podía saber si mi madre biológica seguía con vida.

Todas estas situaciones que no comprendía muy bien ni podía resolver por mí misma me hacían una persona muy rebelde. Pero esta rebeldía, como expliqué más arriba, la experimentaba solamente en nuestra casa, en el colegio y con mis amigos, mis emociones eran distintas. Tanto así que entre mis compañeros de clases conocí a mi primer amor. Estuvimos juntos desde los ocho hasta los quince años. Nos quisimos con una ternura y un amor muy genuino, como solamente pueden ser los primeros amores. Era un chico alto, rubio, con los ojos azules. Lo vi y de verdad me abrió el mundo. Para mí desde ese momento ir al colegio se convirtió en una emoción enorme. Quería que nos reencontráramos. Quería estar cerca de él. Contaba las horas hasta la mañana siguiente en donde lo vería de nuevo caminando por los pasillos del colegio o en el patio. Los fines de semana se me hacían interminables. Con él todo era espontáneo y verdadero. Un amor de niños. La verdad es que gracias a este chico pude acercarme mucho más a mi familia. Fue como una puerta hacia el mundo del que empezaba a formar parte. Por entonces me decía: "Me merezco este amor, ambos nos lo merecemos". Y al mismo tiempo pensaba que quizás era el momento de crear un verdadero acercamiento con mi familia adoptiva. Era tiempo de bajar la guardia.

Mi madre adoptiva siempre me decía que era muy listilla y ágil, buscaba soluciones a todo y sin pedir la ayuda de nadie. Además, siempre hacía lo que me daba la gana. Si me pedían que no hiciera algo, cualquier cosa, yo decía que no lo haría, pero a la larga lo hacía de una manera u otra. Era viva, pero ahora entiendo que hacerse el vivo no sirve de mucho. Estas son actitudes típicas de una persona que se encuentra a la defensiva y en alerta. Poco a poco, sin embargo, yo iba entendiendo, o sintiendo, que ya no era momento de estar alerta.

Recuerdo un gesto muy simple de mi madre que me permitió entender que quizás ya era momento de bajar la guardia. Una tarde llegó y sin ningún motivo aparente me regaló un vestido. Era un vestido verde con flores, un vestido carísimo y hermosísimo. Desde el momento que lo vi me encantó y sentí una emoción muy grande. Pero también comprendí algo más profundo. Entendí que mi madre había pensado en mí. Era un regalo meditado y que se hacía con el corazón. Nadie había tenido un gesto similar conmigo hasta ese momento y aquello fue muy importante para mí. No era solamente el vestido, era el símbolo. En este gesto me di cuenta de que significaba algo para mi familia, de que era importante para ellos. Me di cuenta, en pocas palabras, que me querían. Fue tan profunda y hermosa esta revelación que todavía conservo el vestido.

¿Cómo me quieren tanto mis padres si los trato tan mal?, me preguntaba. Creo que en el fondo los estaba probando. Quería saber cuánto podían quererme. Esta autodefensa la tenemos todos y lo hacemos inconscientemente, pero llega un momento en el que, como decía, ya es necesario bajar la guardia, confiar y empezar a creer.

Algo gracioso que recuerdo de estos años fueron los primeros momentos de relación con mi hermano Leonardo. A mi hermano blanco lo queríamos eliminar entre Jemal y yo. Ahora lo pienso y me da risa. Pero en aquel momento sentíamos que ese era nuestro territorio y Leonardo, en consecuencia, podía significar una amenaza para nuestros intereses. Este es un pensamiento normal en los niños adoptados. En nuestras vidas anteriores teníamos que manejarnos por instinto y muchas veces el poder o la supremacía sobre los otros era lo que determinaría si sobreviviríamos o no. Más allá de estos pensamientos, al poco tiempo de convivir los tres fuimos muy unidos. Leonardo se hizo sobre todo inseparable con Jemal. Por supuesto, al ser los dos varones se entendían mejor. Leonardo era muy enérgico, divertido y alegre. A veces peleaba con Jemal como lo hacen todos los hermanos, pero en dos segundos ya habían hecho las paces.

Lo cierto es que la vida en casa iba mejorando poco a poco. Yo seguía muy sumergida dentro de mí misma, pero la adaptación era constante.

Uno de los recuerdos más bonitos que tengo de estos primeros años son los regalos de Navidad cuando esperábamos a Papá Noel y a Los Reyes Magos. Yo no creía en nada, era como una pequeña adulta, pero mis padres me decían:

—Abeba, debes irte a dormir ya, que esta noche llegará Papá Noel y todos los niños deben estar acostados. Es muy probable que si escuchas algo en el comedor sea Papá Noel, pero es importante que estés acostada cuando él llegue.

Yo me iba a mi cuarto, completamente incrédula de lo que me decían. Sin embargo, no era capaz de cerrar los ojos e irme a dormir. Mis padres, que sabían que yo estaría pendiente de los movimientos de la casa desde mi habitación, se encargaban de hacer ruidos e incluso ensayaban una gran carcajada imitando las de Papá Noel. Tras escucharlos, sentía que todo aquello era real y mi mundo se llenaba de magia y asombro. Por momento me sentía una niña de nuevo.

—Anoche escuché a Papá Noel cuando entró a la casa, estuvo un rato dando vueltas, incluso escuché cómo se reía antes de dejar los regalos —les decía a mis padres a la mañana siguiente.

Pero nuestra vida era un vaivén de emociones. Pasábamos de momentos de mucha alegría y tranquilidad a otros de gran rebeldía, miedo y frustración. En las familias con hijos adoptivos son frecuentes estos choques emotivos. La dinámica familiar no es para nada fácil. No solamente visitábamos psicólogos, mi madre decidió dejar de trabajar por cerca de tres años para dedicarse completamente a nosotros. Realmente la abnegación de mi madre adoptiva fue fundamental para nuestra adaptación y confianza.

Por ejemplo, a mi hermano Jemal le costaba mucho salir de la casa y dejar su zona de seguridad. Jemal conectó muy bien con mis padres, pero al mismo tiempo necesitaba una rutina muy estricta para sentir que todo estaba en orden. Los cambios lo sacaban de su centro y lo desestabilizaban emocionalmente.

Mis padres y mi hermano Leonardo fueron muy pacientes con nosotros. Ahora lo pienso y me sorprende lo bien que gestionó todo Leonardo. No era una situación sencilla para ninguno, pero mis padres eran ya unos adultos y no hay que perder de vista que Leonardo seguía siendo un niño.

Gracias a mi familia logramos sentirnos verdaderamente en casa. Como dije más arriba, son unos verdaderos diamantes llenos de amor. Jemal y yo tuvimos mucha suerte de encontrarlos.

Los años siguieron pasando. A veces con momentos muy lindos y a veces con cierta incomprensión, con altibajos. Pero poco a poco el miedo se fue quedando atrás. Y un día, sin notarlo siquiera, ya no sentía el terror que me atenazó por tantos años y que no me dejaba en paz. Ya no soñaba que dejaba a mi madre biológica y a Tariqu debajo de aquel autobús, en la brumosa calle solitaria de las pesadillas. En ese momento me di cuenta de que, sin previo aviso, y casi sin notarlo, lenta y sutilmente, ya me encontraba bien, ya había sanado emocionalmente, quizás no al cien por ciento, pero ¿quién lo está al cien por ciento? Tenía una familia, tenía amigos, tenía un futuro por delante y estaba preparada para entrar con fuerza y alegría en ese futuro.

Capítulo 10

Durante la fiesta de celebración por mis catorce años me sentí completamente feliz y tranquila por primera vez. No tenía pensamientos negativos. Éramos cerca de ochenta personas y me parece que fue uno de los primeros momentos de mi vida en que pude disfrutar al cien por ciento, sin preocuparme por lo que pasaría después. Recuerdo que aquel día había una torta rellena de Nutella con forma del número catorce que me fascinó. También recuerdo que mi hermano Leonardo tocó con su grupo de música varias canciones para nosotros. Esta fue sin duda la mejor fiesta que pasé (y había pasado muchas muy buenas), la disfruté a mil. La intranquilidad, el desasosiego, las inquietudes que había vivido, todo eso parecía quedar atrás, lejos, en el pasado. Tenía el futuro por delante y me emocionaba pensar en todas las posibilidades y caminos que podría seguir para realizarme.

Era muy frecuente que por aquellos años me encerrara en el baño por horas. Era algo que hacía desde muy niña, casi desde el momento mismo en que llegué a Europa. No le decía a nadie lo que hacía ahí adentro, pero mis padres muchas veces se preocupaban y tocaban a la puerta.

—¿Abeba? ¿Estás bien? ¿Qué haces ahí adentro tanto tiempo? Ya han pasado dos horas desde que entraste en el baño. ¿Me escuchas? ¿Estás bien, Abeba? —me preguntaban desde el otro lado de la puerta.

—Sí, estoy bien —contestaba yo—. No pasa nada. Ya salgo. No es nada. Un momento más, por favor.

Lo que pasaba en aquel baño era mi secreto. Nadie lo sabía más que yo. Pero lo cierto es que yo tampoco entendía muy bien lo que estaba haciendo. O no lo entendía en toda su amplitud. Lo que hacía era actuar, interpretar, experimentar con mis emociones en frente del espejo (esto, por supuesto, después de ser capaz de volver a verme en el espejo). Era algo muy primario en ese momento, pero desde muy niña había repetido aquel comportamiento y sin saberlo muy bien me estaba preparando para ser lo que siempre he soñado ser: una actriz.

Las horas dentro del baño pasaban volando porque me sentía libre al interpretar los papeles que inventaba en mi cabeza. Podía ser quien quisiera, viajar a donde fuera, vestirme con los trajes más hermosos, conocer a las personas más extravagantes. Para unos ojos inatentos dentro de ese baño no habría más que lo que hay en cualquier baño, pero para mí, viéndome en el espejo, o simplemente soñando, era una puerta para millones de mundos posibles, para millares de emociones y momentos. La actuación, sin saberlo plenamente las primeras veces que realizaba aquello, se iba cimentando dentro de mí no solamente como una vocación, sino como un destino.

Claro que siendo una niña yo no poseía las herramientas ni el conocimiento para tratar de crear una carrera con la actuación. No sabía a quién recurrir. Creo que ni siquiera sabía que aquellas horas delante del espejo del baño eran largas sesiones de interpretación. Mi método era autodidacta. Hacía lo que sentía. Y, como dije, no le decía a nadie lo que pasaba detrás de esa puerta. Ese era mi mundo. El mismo mundo que me alimentó desde muy joven viendo las estrellas que se dibujaban sobre el Cuerno de África, o imaginando que endosaba el largo y maravilloso vestido de fiesta repleto de brillantes. Ese era mi mundo y no sentía la necesidad de compartirlo con nadie más. Sin embargo, poco después, durante la adolescencia, sentí la necesidad de comunicar todas estas emociones. Me di cuenta de que quería actuar. Quería que esta fuera mi vida. Lo sentía dentro de mí como un mandato que debía seguir y cumplir. Pero al mismo tiempo me daba mucho miedo decirle todo esto a mis padres porque no sabía si lo comprenderían.

Por entonces estaba en el liceo científico. Era una escuela difícil y necesitaba mucho tiempo para estudiar. Tengo buena memoria, pero durante las clases nos daban demasiada información. Sobre todo, me iba muy mal en matemáticas. Lo hacía todo al revés y por un momento pensaron que podía ser disléxica. Pero no era nada de eso. Yo necesitaba mi propio ritmo para aprender. Este tipo de trabas las había experimentado desde muy joven. Mi proceso mental generalmente era el correcto, pero como en mi país de origen yo escribía de derecha a izquierda, muchas veces confundía el orden de las operaciones. Además, tenía ciertas dificultades con la percepción del espacio y de la tercera dimensión. Estos pequeños problemas me habían causado muchas inseguridades. Y como si fuera poco recuerdo a un profesor inatento y demasiado apresurado en su análisis que le dijo a mi madre que yo tenía un problema mental. Este profesor, demasiado metido en el ritmo frenético de la vida cotidiana, no comprendió mis necesidades. Cuando un alumno no está aprendiendo, el culpable muchas veces es el enseñante. Pero en realidad, como dije, solamente necesitaba tiempo para aprender a mi ritmo.

Esta situación la viven muchos niños, pero los profesores no tienen paciencia. Y esa poca paciencia hizo que decidiera dejar de estudiar. Ya no quería saber nada de las clases. Me sentía como si estuviera dentro de una jaula. Solamente me dedicaba a soñar y a pensar en grande. Estuve así durante meses, pero entonces llegó a la casa una carta desde el colegio que decía que si no empezaba a estudiar con más seriedad tendría que repetir el año. ¡Repetir el año! Esto no lo iba a permitir. Al leer la carta pensé: "No me consideraron. No me dieron valor. Ahora voy a levantar las notas de todas las materias y les mostraré que las apariencias muchas veces engañan". Y eso fue exactamente lo que hice.

Los años en el liceo científico no los pasé muy bien. Me parecía que en las aulas estaban tratando de crear autómatas, no individuos diversos y libres, cada uno con su subjetividad y su belleza propia. No parecíamos personas, sino números. Pensaba muchas horas en esto. Nos colocaban en un ambiente que no es el nuestro y no tienen ninguna paciencia. Pretenden que nos adaptemos a las formas preestablecidas y algunos no pertenecemos al mismo molde. Además, durante la adolescencia, cuando no somos ni niños ni adultos, estamos doblemente perdidos y la inseguridad devenga en rebeldía. No obstante, es posible encontrar el camino correcto gracias a las personas correctas, y estas personas para mí fueron mis padres.

Como dije, yo no me sentía hecha con el mismo molde que todos los demás. Seguía escribiendo poemas sobre la naturaleza y experimentaba con mis emociones en aquellas primeras formas de actuación dentro del baño. Pero necesitaba hacer algo más. Por eso un día le conté a una de mis amigas sobre mi vocación y finalmente la convencí para que me acompañara a un *casting*. Iba a comenzar a actuar, estaba determinada. Les dije a mis padres que me iría a casa de esta amiga y nos fuimos al lugar en donde eran las audiciones.

Entonces surgió un inconveniente más: yo era menor de edad y para participar en los *castings* necesitaba la firma de mis padres. Tuve que posponer el sueño de la actuación en ese momento. Y con el tiempo descubriría que no sería la única vez que tendría que hacerlo.

Al finalizar el liceo científico estaba obligada a empezar en la universidad. Esto era lo que querían mis padres. Me aconsejaron que me matriculara en Economía Empresarial. Lo hice y empecé las clases, pero dentro de mí sentía que aquello había sido un grave error, no me sentía en mi ambiente y no me gustaban para nada las asignaturas de estudio. Me di cuenta de que estaba atrapada dentro de un mundo que no era el mío. En ese momento sentí otra vez el viejo impulso de escapar, de huir. Pero esta vez quería huir hacia el centro de mí misma, quería descubrirme, conocerme, experimentar dentro de este maravilloso viaje de la vida. Me sentía enjaulada y comprendí que debía independizarme. Por eso, de un día para otro, y sin pensarlo demasiado, abandoné la universidad y decidí buscarme la vida por mi cuenta. Al hacer esto me sentí libre. Mis padres querían para mí una carrera seria y ordenada, pero yo no me veía dentro de un mundouniversitario, yo me veía sobre el escenario y en la gran pantalla interpretando grandes papeles.

Finalmente, añadir coma le dije a mis padres que había abandonado la universidad y a los diecinueve años me fui a Bibione, una zona costera del Véneto, para trabajar durante la temporada de verano. No conocía a nadie ni tenía a donde llegar, pero quería hacer algo. Pensé que trabajaría en cualquier lado. No tenía miedo. Tenía la vida por delante y me sentía fuerte. En cambio, mis padres estaban muy angustiados y preocupados y me iban a ver casi todos los días.

Busqué trabajo de camarera. Recuerdo perfectamente la conversación que tuve con el dueño del restaurante.

—¿Por qué te voy a contratar si no tienes experiencia? Y según me dices no sabes hacer nada. No tienes ni currículum —me dijo.

—Es cierto que no sé trabajar, pero puedo aprender. Además, sé pensar. No se arrepentirá si me contrata —le contesté.

Terminó por contratarme, pero a los diez días me dijo que le estaba creando problemas con algunos clientes, las órdenes llegaban tarde y los pedidos eran desordenados. Sin embargo, yo le insistí y lo convencí para que me diera una oportunidad. Estuve ahí tres meses. En esos tres meses aprendí todo lo que se puede aprender sobre el oficio de camarera. Además del sueldo me daban comida y vivía en el hotel del restaurante. No podía quejarme.

Pasada la temporada de verano, el dueño del restaurante me dijo que querían contratarme de manera fija. Pero yo no quería limitarme a esa experiencia. Quería crecer, ver, conocer, experimentar. Por eso decidí que para ampliar mis conocimientos en el ámbito de la hostelería me vendría bien hacer un curso de *bartender*. Pero no quería hacer uno cualquiera, sino uno que me pudiera servir para trabajar en toda Europa.

Encontré un curso que se ajustaba exactamente a mis expectativas. El único inconveniente era que se encontraba en España.

—¿En Barcelona? —gritó el dueño del restaurante en donde trabajaba.

—No es tan lejos de aquí —contesté yo.

—Te esperaremos un mes, Abeba, solamente un mes —me contestó él.

Tenía veinte años en ese momento y estaba decidido: mi iría a Barcelona.

Aquel fue uno de los mejores meses de mi vida. Pasaba toda la mañana y la tarde estudiando las mezclas y las diferentes posibilidades de cocteles y toda la noche divirtiéndome. Finalicé el curso con muy buenas notas. Estaba convencida de que esto me abriría muchas puertas de trabajo. Sin embargo, lo más bonito que viví durante mi estadía en Barcelona fue conocer a un chico, Jason. Teníamos veinte años y nos enamoramos perdidamente. Fue uno de esos amores que se viven con intensidad y plenitud, una de esas relaciones en las que sabes que puedes salir herida, pero te da igual, el arrojo y la abnegación hacia la otra persona es total.

Fue un amor a primera vista y compartimos muchas cosas en Barcelona. La noche antes de regresar a Italia estaba con Jason y casi pierdo el avión. No había terminado de abordar cuando me di cuenta de que había dejado mis pendientes en su casa. Al regresar a Italia retomé mi trabajo habitual y una tarde recibí una carta de amor desde Barcelona. Estaba llena de palabras hermosas, impregnada de cariño. La carta escrita por Jason estaba acompañada por una flor y por uno de los zarcillos que había dejado olvidados en su apartamento. "Si quieres tu otro pendiente, ven a buscarlo", escribió él. Entonces decidí que iba a irme de Italia, me mudaría a España.

Pero no fue algo inmediato. Trabajé cerca de cinco meses en el restaurante en donde estaba empleada y ahorré ocho mil euros. Mi destino ya no era Barcelona, sino Madrid, Jason se había mudado a la capital en donde había mejores oportunidades de trabajo en ese momento. Así que luego de meditarlo un poco, decidí comprar un billete de avión para Madrid. No les dije nada a mis padres hasta una semana antes de partir. Mis padres al principio no estaban de acuerdo (de hecho, mi padre no quiso hablarme por un tiempo), pero luego entendieron y me apoyaron. No era fácil para ellos aceptar que me mudara a Madrid, sobre todo les preocupaba mi mentalidad soñadora y mi bondad, la cual muchas veces me impide ver la maldad en las personas. Lo cierto es que yo no conocía a nadie en Madrid (aparte de Jason), pero mis padres me dieron el contacto de algunas personas a las que conocían. Así, sin muchos más preparativos, hice mi maleta y me fui.

Al llegar a España, Jason me estaba esperando en el aeropuerto. El reencuentro fue hermoso, intenso, magnífico. Y hubiera sido perfecto a excepción de un pequeño detalle: la aerolínea perdió mi maleta. Solamente tenía lo que llevaba puesto: un vestido naranja y unos zapatos. Pero después de cinco meses esperando para reencontrarnos, el detalle de la maleta (que llegaría dos meses después) no nos quitó una pizca de alegría. Estábamos juntos y éramos felices.

Yo quería empezar a trabajar inmediatamente, pero no sabía el idioma y me faltaba el NIE, un documento indispensable que debía tramitar si quería comenzar a trabajar.

En verano, una tarde como cualquier otra, Jason me dijo:

—Vámonos a Almería.

Y así lo hicimos. No pensábamos las cosas con detenimiento, no teníamos miedo, éramos jóvenes y sencillamente vivíamos y aprovechábamos las posibilidades que se nos ofrecían. En Almería hay unas playas bellísimas, paisajes sugerentes, montañas hermosas. Por entonces ya estaba trabajando, pero seguía sin entender nada del castellano. En los bares me pedían un trago de JB y yo no comprendía, por lo que los clientes optaban por mostrarme una foto en sus móviles en donde veían lo que deseaban beber. La gente era simpática y tuve suerte en todo momento. Me sentía bien, me veía a mí misma libre, plena y contenta.

Pero luego de la temporada de verano todo cambió. Regresamos a Madrid y Jason y yo nos dimos cuenta de que nuestra relación era muy conflictiva y no éramos nada compatibles. Nos separamos con un último beso y no nos volvimos a ver nunca más. El final fue como el inicio de la relación: intenso, profundo, vivo. Como decía, así son estos primeros amores, todo pasa muy rápido y todo se vive con una fuerza y una energía arrolladoras.

Mi relación había terminado y una pregunta me asaltaba: ¿qué voy a hacer ahora?

Al poco tiempo conseguí un trabajo en un restaurante italiano y poco a poco fui organizando mi nueva vida en Madrid. Mis padres me fueron a visitar en una ocasión y se alegraron mucho por mí al ver lo que había conseguido en esos pocos meses.

Las posibilidades de trabajo eran muy buenas gracias al curso de *bartender* que había hecho y me llegó una oferta para un local en Londres. Me ofrecían un contrato de dos años en un hotel de cinco estrellas, con comida y casa incluidas. Por entonces ya llevaba seis meses en Madrid y decidí volver a Italia de visita. Regresar a Italia fue muy bonito porque pude reencontrarme con mis amigos y con muchos clientes de mi antiguo trabajo. De hecho, me organizaron una fiesta en el local en donde trabajaba.

Recuerdo que durante mi estancia en Italia me iba a escribir poemas a orillas de la playa y en muchos de estos poemas meditaba con que podría recuperar la infancia perdida al tener un hijo. Todo lo que no había podido vivir cuando era una niña, de cierta manera lo viviría al criar a mi propio hijo. También desarrollaba diálogos metafóricos con mi hermano Tariqu. Hablaba con él, me imaginaba su vida y sus posibilidades. Muchos pensamientos rondaban por mi cabeza, pero algo era claro en todo momento: me sentía plena, era independiente y estaba contenta.

Una noche pasó algo curioso. Una amiga, Jenny, me dio un paquete de chocolates de Perugina de esos en donde están escritos mensajes de todo tipo. Me comí los chocolates y antes de leer el último, me dije: "¡Qué me dé suerte!". En el papel estaba escrito: "Coraje, que alguien te está esperando". No entendí qué quería decir, pero lo guardé. Mientras me comía los chocolates, Jenny me decía que tenía la cara diferente. Y era cierto. Pero el motivo lo sabría después.

Regresé a Madrid y empecé a trabajar como jefa de barra. Al poco tiempo recibí una llamada de mi padre. Era muy temprano por la mañana. Él nunca me llamaba tan temprano. Era un jueves, día en que han sucedido todos los acontecimientos importantes de mi vida. Era como si mi padre, al otro lado del teléfono, supiera que estaba pasando algo. Al llegar a Europa, como relaté más arriba, a la persona que más rechacé por los conflictos y traumas que arrastraba desde mi infancia fue a mi padre Alessandro, pero con el tiempo me di cuenta de que teníamos muchas cosas en común y con él es con quien me entiendo mejor. Al dejar la casa de mis padres siempre seguí sus consejos. Aquel día, cuando me llamó muy temprano por la mañana, como si supiera algo, yo, en realidad, me acababa de enterar de la gran noticia. Sin embargo, todavía no le dije lo que pasaba. Por unos días más lo guardé para mí: estaba embarazada.

Capítulo 11

Al descubrir que estaba embarazada, tuve la sensación de renacer de las cenizas. Ya el pasado no me dolía. El pasado, de alguna manera, encontraba una razón. Entendí que todo tiene su tiempo y su lugar y es un proceso que debemos seguir. Por más que queramos, no podemos acelerar las cosas que deseamos, estas llegarán en su momento.

Solamente tenía veintiún años cuando me enteré de que estaba embarazada. Estaba emocionada, pero también muy asustada. Tenía proyectado viajar a Londres para aceptar la oferta de trabajo en el hotel de cinco estrellas y mientras tanto trabajaba en un restaurante de lujo en el barrio de Salamanca. Acababa de terminar la relación con el padre de mi hija, que era mucho mayor que yo. Me había dado cuenta de que no era el hombre para mí y no quería seguir con él. La relación había sido muy conflictiva.

Las personas cercanas, al contarles sobre mi embarazo, prácticamente me dijeron que al ser madre a los veintidós años se iba a terminar mi vida tal y como la conocía, que en adelante no podría, sino dedicarme a mi hija y trabajar. Yo era madura para muchas cosas, pero la verdad es que viví el embarazo con mucha ligereza y no le prestaba demasiada atención a lo que me decían. Como estaba sola en Madrid, decidí regresar a Italia durante el embarazo. Tuve un embarazo tranquilo. Además, fue muy bonito porque viví todo el proceso junto a mis familiares y amigos, quienes convirtieron todo aquel período de mi vida en algo mágico. Solamente experimenté un poco de náuseas, pero nada fuera de lo común.

Viví todo el embarazo a mi manera, sin angustia. Tuve solamente veinticuatro horas de trabajo de parto y no sentí ningún dolor al alumbrar, algo que le pasa solamente al dos por ciento de las mujeres. El único pequeño inconveniente que viví fue la tensión baja. Pero el motivo fue desconcertante para los médicos. No me sucedía por el parto en sí, sino porque no había comido nada. Esto me pasa cada vez que dejo de comer. Es algo traumático que se activa en mí por todo lo que sufrí de niña en las calles y los barrios de Adís Abeba. Mi padre trataba de convencer a los médicos para que me dieran algo de comer (tenía unos veinte latidos por minuto), pero ellos no querían hacerlo y se obstinaban en buscar soluciones por su cuenta. Todo un grupo de doctores estaba alrededor mío, sin saber qué hacer. Entonces mi padre decidió ir a buscar una bolsa de azúcar, me la dio de comer y poco a poco regresé a la vida. Era eso, sin más. Al hacer los controles, se dieron cuenta de que todo estaba bien, solamente necesitaba comer algo.

Durante el parto yo estaba con un vestido blanco y un cintillo de flores blancas en la cabeza, como si fuera una princesa. Viví el embarazo y el parto de esta manera, con levedad, sin estrés. Realmente no me daba cuenta de lo que significaba el proceso y recuerdo que las enfermeras se reían al verme.

Mi hija nació el 31 de mayo de 2018. Y sí, también fue un jueves: mi día afortunado. No sé el motivo, pero todas las cosas maravillosas de mi vida han pasado un día jueves. ¿Cómo explicar con palabras la emoción que se experimenta cuando nace un hijo? Es algo que no se puede describir con palabras, hay que vivirlo, es realmente un momento mágico.

—Bienvenida al mundo, Alba Alemnesh —le dije a mi pequeña cuando la tuve por primera vez entre mis brazos.

Tras pocos segundos de cargarla, me di cuenta de que ya estaba completamente enamorada de mi hija, pero al mismo tiempo me dije que no se parecía en nada a mí. Es blanca, con el pelo liso, ojos grises y con la cara idéntica a la del papá. Unos días después, cuando paseaba por la calle con mi hija, la gente creía que yo era la niñera.

—¡Pero si es blanca! —me decían.

—Sí, salió blanca, qué quieres que te diga —contestaba yo, riéndome.

Al viajar con ella, las personas de seguridad en los aeropuertos tampoco se creían que fuera mi hija. Primero porque yo era muy joven, segundo porque, como dije, el tono de su piel era bastante claro. Miraban las fotos, me miraban a mí y la miraban a ella una y otra vez. La situación era graciosa y algo ridícula. Pero al año de nacida su piel se hizo un poco más morena y hoy puedo decir que Alba Alemnesh se parece bastante más a mí.

El nacimiento de mi hija fue un sentimiento maravilloso, pero al poco tiempo me sentí muy triste y empecé a llorar. No me gustó verme alrededor de un montón de mujeres que daban pecho, me parecían vacas lecheras. Lo cierto es que la maternidad no es nada fácil. Las mujeres que dicen que todo es espectacular y fantástico mienten. No podemos dormir y no tenemos tiempo para nada. Además, me entristeció mucho que nadie se preocupara por la madre. Todos están pendientes del bebé y las madres prácticamente dejan de existir. Además, los médicos nos llenaban de miedo psicológico con un montón de preocupaciones, nos inundaban la cabeza con historias como para que no pudiéramos estar tranquilas. Estas eran cosas que, desde mi punto de vista, no venían al caso en ese momento. Yo era una mujer muy joven por entonces, como dije, tenía solamente veintidós años, tenía mi propia identidad e intereses, pero era como si todo quedara en segundo plano. La verdad es que los únicos que se preocupan por la madre después del alumbramiento son los propios padres.

Los primeros días de maternidad son muy difíciles. Hay que despertarse cada tres horas para dar pecho y los bebés pueden llorar durante mucho tiempo. Hay momentos en que, después de tres días sin dormir, las jornadas se hacen interminables. Pero cuando el bebé duerme, tampoco descansamos. En esos momentos no podemos dejar de verlo y repetirnos una y otra vez: "¡Qué bonito es! ¡Qué bebé tan precioso! ¡Qué belleza de bebé!".

Lo cierto es que llevaba la maternidad como el embarazo: con mucha serenidad. Si mi hija tenía cólicos o lloraba por algún motivo, la ponía piel con piel conmigo y la serenaba. Veía a muchas madres frustradas porque sus hijos no dejaban de llorar, pero yo lo manejaba con calma. Si mi hija no se dormía, salía a pasear con ella o le ponía música, siempre le ha encantado la música.

Estaba muy feliz de ser madre, pero al mismo tiempo me daba cuenta de que no debía dejar de ser yo, no podía olvidarme de mí misma. Cuando mi hija dormía yo de cierta manera retomaba mi vida. Comprendía perfectamente que no me debía sentir culpable si dejaba a mi pequeña durante tres horas con los abuelos. Esto no estaba mal en ningún sentido. Si podía tomarme dos horas para dar un paseo y darme una larga ducha, lo hacía.

A los tres meses del nacimiento de mi hija regresé a Madrid. En ese momento traté de retomar la relación con el padre de mi niña, pero me di cuenta de que esto era francamente imposible. La verdad es que reintentar mi relación con el padre de mi hija fue un error. Si la base de una relación no funciona, tampoco funcionará por más que haya un hijo en común. Tratar de mantener una relación solamente por necesidad a la larga es negativo tanto para ti como para tus hijos. Con mi pequeña aprendí lo que es el amor por uno mismo. Me di cuenta de que Alba seguiría mis pasos y si yo no tenía amor, valor y respeto por mí misma, ella tampoco lo tendría por sí misma. Y yo, por supuesto, no quería esto. Por eso me di cuenta de que debía tener autoestima y confianza, para poder enseñarle a mi hija lo importante que es quererse a uno mismo.

Por entonces todos mis amigos estaban de fiesta, salían hasta altas horas de la noche y comprendí que con mis nuevas responsabilidades mi vida había cambiado. Pero no completamente. Insisto en el hecho de que es importante que la madre piense en sí misma y tenga tiempo para distraerse. Yo en una ocasión, por ejemplo, fui a un concierto de Laura Pausini. Estuve afuera unas cinco horas. Mi hija estaba bien cuidada y no pasó nada.

Esto que digo es importante porque luego del parto hay muchos cambios hormonales y si las madres no somos capaces de llevar la situación con ligereza, podemos llegar a deprimirnos.

Al principio retomé mi trabajo con horario partido, pero me di cuenta de que en la hostelería los horarios son demasiado demandantes y enloquecidos. Además, no podía trabajar de noche por la bebé. Cada vez que regresaba a casa, mi hija me estaba esperando detrás de la puerta, siempre a la misma hora. Por este motivo decidí dejar de trabajar. Estuve cerca de un año sin trabajar. Necesitaba crear un horario y una cotidianidad con ella.

Durante todo este tiempo estuve sola, dedicada exclusivamente a cuidar a mi bebé. Al cabo de un año decidí buscar un empleo con un horario de oficina, algo que me permitiera planificar mi vida de una manera más ordenada. Empecé a trabajar en una empresa como administradora, aún sigo en la misma empresa, siete años después. Ahora puedo decir que dentro de mi empresa soy un comodín, sé hacer muchas cosas: logística, diseño, gestiono el almacén, etc. Con un horario pude organizar mi vida sin descuidar a mi hija ni a mi trabajo. Incluso fui capaz de hacer muchas cosas al mismo tiempo. Me levantaba muy temprano por la mañana (a las 4:30 AM), iba al gimnasio, llevaba a mi hija a la escuela, iba a trabajar, buscaba a mi hija y por las tardes estudiaba un máster en Cadena de Suministros. Me di cuenta de que, con organización y disposición, era capaz de hacerlo todo. Es cierto que me acostaba muy pronto en la noche (de lo contrario no hubiera podido dormir nada), pero esto no me importaba. Los amigos de mi edad seguían saliendo de fiesta, pero yo ya estaba concentrada en otras responsabilidades. Comprendí que para lograr tus objetivos debes renunciar a ciertas cosas. Esto te lleva a obtener resultados. Los resultados se logran trabajando todos los días, sin descanso, un paso a la vez.

Desde muy pequeña enseñé a mi hija a ver la realidad de un modo muy abierto. Cuando empezó a caminar, le enseñé a ser un poco independiente. Y hoy en día, con seis años cumplidos, puedo decir que mi hija es bastante independiente en muchas cosas de la vida cotidiana.

Una mujer feliz tiene un hijo feliz. No dejo de repetirme esta frase. Parece sencilla, pero no deja de ser muy profunda y precisa.

Mucha gente, al verme ahora, me dice: "¡Qué suerte tienes, Abeba! Tienes un buen trabajo y puedes dedicarte a lo que realmente te gusta". Pero no tiene nada que ver con la suerte, se trata de buscar soluciones, de encontrar cosas que encajen bien con lo que estás buscando y con lo que quieres. Ahora puedo decir, después de muchos años de lucha, trabajo, traumas y separaciones, que hago lo que quiero y soy completamente independiente. La verdad es que ningún trabajo es perfecto, pero debes encontrar uno que te guste y que encaje contigo. Y es imprescindible siempre aprender, educarte y estar en constante crecimiento.

Mi padre siempre me enseñó a tratar de ser la mejor entre los mejores. Buscar la excelencia con honestidad y profesionalismo. Yo siempre he seguido este consejo. Y puedo asegurar que la honestidad me dio un plus en mis trabajos. Siempre me mantuve con mis valores. Prefería ganar menos dinero, pero tener la conciencia limpia.

Lo cierto es que no podemos dejar de luchar por lo que queremos. Y lo digo por experiencia. Yo he luchado durante toda mi vida. La gente muchas veces se pregunta: "¿Por qué me pasó esto?". Y la respuesta quizás sea: "Porque lo permitiste". Si alguien te dañó o estás en una situación que no te satisface, es porque no te amas lo suficiente y porque no te respetas a ti misma. No es suerte, es un trabajo en donde la constancia es fundamental. ¿Por qué debería sufrir por algo que puedo evitar? Tuve una

infancia extremadamente dura, con hambre, pobreza, carestía, guerra, un padre violento, una infancia en la que
no sabía muy bien cómo saldría hacia adelante, pero
siempre luché por mí y por las personas que amo. Es
cierto que uno tarda en recuperarse de las muchas cosas
que sufrimos hasta finalmente cerrar las heridas, pero si
lo quieres, si deseas seguir hacia adelante y tener una vida
plena, lo puedes conseguir.

Capítulo 12

Siempre sentí que mi destino era la actuación. Al principio no sabía ni lo que era actuar, pero creo que, desde mis días en Etiopía, cuando caminaba en aquel mundo hostil, entre la gente indiferente, buscando algo de comer entre montañas de basura, sufriendo la violencia de mi padre y todas las necesidades que describí más arriba, desde ese momento era como una luz que vivía muy dentro de mí y que me alimentaba para perseguir mis sueños. Desde muy niña siempre viví sumergida en mi mundo, contemplando las estrellas sobre la tierra reseca del Cuerno de África, apreciando y admirando la naturaleza, escribiendo poemas, soñando que endosaba el largo vestido blanco y elegante que la casualidad un día había querido que encontrara semisumergido en la tierra. En el orfanato disfrutaba imitando con mis compañeros las escenas bíblicas, a los jueces y mártires, a los ángeles y demonios; impostábamos las voces, poníamos caras, en una palabra: actuábamos. Luego, ya en Europa, fueron las largas sesiones en el baño en las que gracias a una intuición profunda aprendía a expresar mis sentimientos y emociones. Más tarde, en la adolescencia, los primeros intentos de audiciones. Pero la vida, como expliqué, fue alejando el sueño de la actuación. No obstante, ahora sí puedo decir que estoy metida de lleno en el mundo que siempre añoré. Desde hace tres años empecé a actuar.

Como decía, mi vocación empezó a muy temprana edad, pero no era consciente de ella, sencillamente me limitaba a experimentar con las emociones que sentía en cada momento. Reía, lloraba, sufría, me indignaba, disfrutaba, me divertía. En el 2022, sin embargo, finalmente di el paso hacia la profesionalización, pero una vez más encontré una traba en mi camino: me fracturé un pie y tuve que estar en reposo durante seis meses. Como si esto fuera poco acababa de invertir cerca de veinticinco mil euros en una empresa de hostelería en la que intentábamos fusionar la música con la comida, era un buen proyecto, de hecho, quedamos en cuarto lugar en un concurso especializado, pero al poco tiempo aquello no funcionó y perdí todo el dinero que había invertido. Me encontraba una vez más entre la espada y la pared. Estaba llena de deudas. Empleé un día entero en llorar y lamentarme, pero solamente eso, un día. Después decidí que debía empezar de cero y, como siempre, lo haría con buena actitud y una mentalidad positiva.

Este fue un momento muy duro de mi vida, pero fueron precisamente estas dificultades las que me impulsaron a decidir de una vez por todas que mi único camino posible es el de la actuación. Ya no lo pospondría más. Esto fue como una luz en mi camino, una puerta abierta, un rumbo de sueños y esperanza. Todo lo que había pasado en mi vida me había llevado hasta esta decisión irrevocable. Me demoré cerca de quince años para finalmente tomar esta decisión. Quince años de trabajo, de lucha, de altibajos, de sufrimiento, pero también de alegría, de optimismo y de esperanza. Quince años de búsqueda y grandes emociones que se sumaban a todos los anteriores que había vivido en Etiopía, en las calles hostiles de Adís Abeba.

En el año 2023 empecé con las clases de actuación. Hoy puedo decir con orgullo que me representan varias agencias y que estoy en la búsqueda de mis primeros trabajos serios en el mundo actoral, que, si bien es apasionante, también es altamente competitivo. Al principio me costaba hablar frente a la gente y me bloqueaba, incluso me daba temor pararme frente a la cámara. Pero gracias a mi director artístico, Sergio, poco a poco pude ir desenvolviéndome con más naturalidad y gané confianza. Él fue muy importante para mí durante todo el proceso.

En ocasiones, durante las clases actorales estaba realmente muy cansada. Seguía trabajando, estudiando y cuidando a mi hija. Pero nada de esto impedía que durante las sesiones de actuación sintiera que aquel era y es definitivamente mi lugar. Es, como dije, una luz muy viva que siento dentro de mí. A través de la actuación he podido vivir muchas vidas sumergiéndome en las emociones de otros. He improvisado con personajes con los que nunca imaginé que podría experimentar cierto contacto profundo, a un nivel de expresión que creía imposible. Esto lo digo porque durante las improvisaciones debes actuar con la mente desnuda, expresar los sentimientos que tienes en el momento y romper tus límites mentales para finalmente mostrar el alma y vivir lo que sientes a través del personaje.

Por supuesto, al empezar con las clases yo no tenía ninguna experiencia. Pero elegí una escuela que no emplea ningún método actoral específico, sino que permite la experimentación a través del alma de cada personaje. También hay técnicas de rodaje. Por todo esto, me gusta decir que encontré mi camino y mi inspiración.

Hoy me siento orgullosa del punto al que he llegado en mi vida. Pero lo cierto es que el trabajo contigo misma no es de un día para otro, me demoré cerca de veinte años en encontrar quien soy. Hay que buscar la herida, ser responsable con lo que pasó y dejarlo ir. Al final del camino debemos decirnos: "Me perdono. Ya pasó. Es tiempo de mirar hacia adelante". Es posible saber quién eres al entender esto. Pero es un trabajo diario y, como dije, puede llegar a ser muy largo y doloroso. Cuando te dañan emocional y psicológicamente es cuando más debemos luchar porque, lo digo desde mi experiencia, el descubrimiento del propio ser y la paz son posibles.

En la vida pasan muchas cosas, cosas buenas y malas. Pero cuando pasan cosas graves, no podemos olvidar que nunca debemos rendirnos, pues la vida esconde algo maravilloso, te puede quitar, pero también te devuelve mucho más. Y durante todo este proceso no te debe faltar una sonrisa: las sonrisas son gratis, nos las regala la vida. Por más que pasemos malos momentos, siempre debemos sonreír. Esto nos ayudará a llenarnos de fuerza. Debemos enfocarnos en el lado positivo de las situaciones que vivimos. Con una perspectiva positiva, las cosas son menos graves de lo que son, y lo dice una persona que lo ha vivido todo. Además, deberíamos aprender a hacer las cosas más lentamente, sin tanto afán, sin necesidad de correr con el ritmo que quiere imponernos el mundo, todo tiene su proceso y cada cosa la podemos vivir con emoción.

En la vida es importante tener un sentido de lucha, cierta actitud resiliente, ser capaces de decirnos: "Vale, me pasó esto, pero seguimos hacia adelante". Pongo el ejemplo de cuando me rompí el pie en el momento más difícil de mi vida adulta, justo cuando iba a empezar con la actuación y poco después de perder mucho dinero y estar con muchísimas deudas. Al suceder esto, luego de liberar en aquel día de llanto mi frustración, comprendí que no se puede hacer nada con un pie roto, no se puede acelerar el proceso, si son seis meses de reposo con una escayola, pues son seis meses. Es un proceso. Sin más. Pero la mayoría de la gente se encierra en sus problemas y se deprime. Luego va al psiquiatra y lo medican. Pero nada de esto resolverá sus problemas, lo que debe hacer es cambiar la mentalidad. Hay que ver la vida con filosofía, tener una sonrisa en la cara no significa que no pasa nada, es una posición ante la existencia.

Lo cierto es que yo tuve mucha suerte al encontrar a mis padres. Ya de adulta, al descubrir por todo el proceso burocrático por el que habían pasado para adoptarnos, me sorprendí mucho. Me maravilló entender que dos personas que no te conocen están dispuestas a hacer tanto por ti. He aprendido mucho de mis padres, han sido un pilar fundamental en mi vida. Y puedo asegurar que ellos también han aprendido ciertas cosas de mí, como a sonreír más y a ver ciertas situaciones con una perspectiva más abierta. Siempre estaré agradecida por el amor incondicional que mis padres nos dieron a mí y a mi hermano Jemal. Como hija adoptaba, y amiga de muchos otros niños adoptados, puedo decir que no siempre todos corremos con la misma suerte. Algunos padres sencillamente quieren adoptar para llenar un vacío personal, pero no tienen ninguna vocación como padres adoptivos. Este es un trabajo largo, de mucha paciencia, amor y comprensión. Por este motivo, todos los que piensen que están en condiciones de adoptar y quieren adoptar deberían plantearse muy bien cuáles son las verdaderas motivaciones que los impulsan.

También tuve mucha suerte con mi grupo de amigos. Siempre hemos sido leales y nos hemos mantenido en contacto. No puedo quejarme de mi suerte en este sentido. Sin mencionar la fortuna que siento al ser madre. Esto, como expliqué más arriba, me permitió comprender que podía recuperar mi infancia perdida y llenar todas aquellas deudas y vacíos que sentí y arrastré por muchos años. Tener una niña me enseñó a tener amor y respeto por mí misma. Mi hija es la pieza que me faltaba para ser una persona completa. Alba sigue mis pasos y yo le enseñaré lo importante que es amarse y respetarse a uno mismo. Puedo decir que la experiencia de la maternidad fue la llave para cerrar mi ciclo.

La vida es un viaje maravilloso. Miro para atrás y me parece que todo lo vivido, incluso las situaciones más difíciles durante mi primera infancia en Etiopía, encuentra ahora un propósito. Hubo siempre una luz que me fue guiando en mi camino. El largo vestido blanco, lejos de ser un objeto casual que encontré un día, es un verdadero símbolo de los sueños que me han alimentado siempre y que me siguen alimentando.

La historia que conté, la historia de Abeba Anmut, es mi historia, pero también es la de muchos otros niños. En ocasiones es difícil describir momentos tan trágicos como los que yo viví, el ambiente, la desolación, el sufrimiento, el miedo, el hambre, la desesperanza, el terror. No es fácil llevar esto al papel. Pero la niña que fui vivió todo aquello por un motivo. De cierta manera, la pequeña Abeba nunca dejará de recorrer las calles de Etiopía en busca de comida, pues esa es mi herida, eso es lo que soy y, como dije, lo acepto. Las palabras que he escrito son las experiencias que superé. De esta manera se cumple un ciclo, se cierra un círculo. El sueño con el vestido blanco continúa, caminando entre la gente, luchando cada día por un objetivo, en búsqueda constante, con optimismo y una sonrisa dibujada en el rostro. La niña que fui corrió con mucha suerte en la búsqueda de su destino. Abeba es el centro de mi historia, sí, pero como decía, esta es una historia que se repite una y otra vez en nuestro mundo. Quizás alguna niña está sufriendo en este momento exactamente lo mismo que yo sufrí. ¿Qué nombre tendrá esa niña sin rostro que apenas puedo imaginar? No lo sé. Pero si pudiera hablarle en este momento, le diría que luche, que se esfuerce porque, aunque parezca imposible, lograr lo que soñamos se puede conseguir. Yo, de cierta manera, también soy esas niñas y niños y soy mi pasado y la sonrisa y la esperanza y la luz y el futuro. Abeba Anmut es todas las niñas que viven algo parecido a lo que yo viví y al mismo tiempo es Tirukal Momi, la mujer que firma estas páginas.